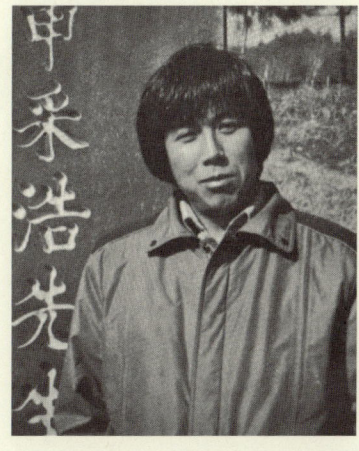

정영상 (1956년~1993년)

- 1956년 경북 포항시 대송면 남성1동(성좌동)에서 태어났다.
- 1976년 포항고교를 나와(25회) 국립 공주사범대학 미술과로 진학해 '율문학' 동인으로 활동하고 졸업 후 경북 안동으로 발령받아 교편을 잡았다.
- 1984년 《삶의 문학》에 시를 발표하며 문단에 나왔다.
- 1989년 첫 시집 『행복은 성적순이 아니다』를 펴내고, 그해 8월 안동 복주여자중학교에서 전국교직원노동조합 관련으로 해직되었다.
- 이후 부인이 교사로 재직하는 충북 단양의 자택으로 옮겨가서 두 번째 시집 『슬픈 눈』을 펴내는 등 창작을 하는 한편, 해직교사 연대활동에 참여하였다.
- 1993년 4월 15일 새벽 자택에서 심장마비로 영면하였다.
- 1993년 12월 유고 산문집 『성냥개비에 관한 추억』, 1994년 1월 유고 시집 『물인 듯 불인 듯 바람인 듯』이 출간되었다.
- 2003년 4월 '정영상 시비'가 공주대학교(옛 공주사범대학) 교정에 세워졌다.

엮은이 이대환

- 1958년 경북 포항시 대송면 송정동에서 태어났다.
- 1977년 포항고교를 나와(26회) 중앙대 문예창작학과 및 동 대학원 박사과정을 졸업했다.
- 1980년 국제PEN클럽 주관 장편소설 현상공모에 당선, 1989년 《현대문학》지령400호기념 장편소설 공모에 당선했다. 저서에는 장편소설 『미완성의 돌』『말뚝이의 그림자』『새벽, 동틀녘』『겨울의 집』『붉은 고래』『큰돈과 콘돔』『총구에 핀 꽃』, 소설집 『조그만 깃발 하나』『생선 창자 속으로 들어간 詩』『슬로우 불릿』, 평전 『박태준 평전』, 산문집 『프란치스코 교황 그리고 무지개』『하얀 석탄』등이 있다.

추모 정영상 30주기 · 정영상문학전집

감꽃과 주현이

이대환 엮음

[일러두기]

- 시인 정영상은 생전에 『행복은 성적순이 아니다』(실천문학사, 1989), 『슬픈 눈』(제3문학사, 1990) 등 시집 두 권을 상재했고, 1993년 4월 갑자기 요절한 뒤 그해 12월 유고 산문집 『성냥개비에 관한 추억』(깊은 사랑), 이듬해 1월 유고 시집 『물인 듯 불인 듯 바람인 듯』(실천문학사)이 출간됐다.
- 이 책은 정영상의 시 255편으로 『정영상시전집』을 엮으려다 그의 희소하고 귀중한 산문 18편을 더하여 『정영상문학전집』이라 칭했다.
- 독자와 정영상의 대화는 그의 고향 풍경·어린 시절을 짚고 넘어가야 독자가 그의 시적 세계를 이해하는 데 도움이 될 것으로 판단해 유고 산문집의 제1부를 이 책의 맨 앞에 배치했다. 이어진 시편들은 시집 세 권의 순서를 그대로 따랐다.
- 유고 산문집의 제2부에 모아둔 전우익 선생·신경림 시인·박원경 교사(정영상의 부인)를 비롯한 지인들에게 보낸 정영상의 편지들과 제3부에 모아둔 그의 단상들, 그리고 시집에 붙은 '시인의 말'과 '발문'은 이 책에 수록하지 않았다.
- 문학평론가 권순긍의 「정영상론」으로 이 책을 마무리했다.
- 이 책에 싣지 않은 글들과 다른 지면에 남은 지인들의 추모 글을 따로 한군데 엮는다면 '정영상 작가론' 연구에 좋은 참고자료로 활용될 것이다.

| 책머리에 |

정영상을 그리워하는 사람들을 위하여

*

　1993년 4월의 어느 저녁, 배용재 형과 나는 경주역 광장에서 만났다. 부산 고검 검사로 있던 형은 부산에서 손수 운전을 해왔고, 나는 포항에서 버스를 타고 갔다. 꽃망울 펴진 봄날 저녁에 별안간 이뤄진 만남의 행선지는 단양이었다. 승용차 안은 마냥 침울했다. 정영상의 부음에 짓눌린 것이었다.
　형에겐 두 해 후배로, 내게는 한 해 선배로 포항고교 시절부터 문학과 인생의 이름으로 끈끈하게 어우러졌던 정영상은 이미 팔(八)자 꼴의 검은 띠로 치장한 사진틀 안에서 기다리고 있었다. 우리는 울었다. 슬피 울었다. 수없이 퍼마셨던 술들이 한꺼번에 눈물로 쏟아지는 것 같았다. 그 슬픈 울음이 기나긴 또는 영원한 결별의 제단에 피었다 스러지는 국화 꽃송이라는 것을, 그날로부터 서른 해쯤 지난 지금에야 터득하고 있지만.

*

　그러나 우리는 여전히 모른다. 인생은 어디서 와서 어디로 가는가? 이 질문을 풀지 못하고 있다. 귀향한 변호사로서 중국어 주역 해설서를 한국어로 번역해 출간하더니 요새도 주역 공부에 열중하는 형도 시원한 답을 내지 못하고, 어느덧 오십 성상 가까이 문학을 둘러멘 나는 제법공상(諸法空相), 불생불멸(不生不滅)을 남몰래 무슨 알약처럼 이따금 삼켜볼 따름이다.
　어디서 와서 어디로 가는가? 비록 답을 알진 못하지만, 왔으니 간다는 섭리를 확실히 아는 우리가 또 하나 확실히 아는 삶의 가치는 그리운 사람을 그리워할 수밖에 없다는 것이다.

*

"쟈가 누고?"

땡볕 아래서 야산 중턱의 밭농사를 가꾸는 아낙이 일손을 멈추고 뜨악히 청년을 쳐다보았다.

"영상이네. 정영상이."

적계못에 배영으로 드러누워 하늘을 우러러 노래 부르는 정영상을 청년은 물끄러미 내려다보며 미소를 지었다.

그날 그때 청년은 정영상에게 교련복과 참고서를 물려준 고향마을의 서너 해 선배로 사업의 길을 걸어온 이동조 회장이고, 아낙은 정영상의 어머니와 자주 보는 그의 어머니였다.

"한번은 적계못에서 잠수했다가 발이 수초에 걸려 아찔했던 순간에 부리나케 달려온 영상이 형이 밧줄을 던져줘서 무탈히 나온 적이 있었는데…. 영상이 형 시집에서 정말 가난했던 우리 동네의 기억을 잘 담은 시 한 편을 뽑아 고향 근처 어딘가에 시비(詩碑)를 세워 드리고 싶다."

나하고는 동갑내기로, 정영상의 고향마을 후배인 이동채 에코프로 회장의 회고와 따뜻한 마음이다. 시 쓰는 청년 정영상의 책상에 놓인 습작을 훔쳐보고 가슴 뭉클했던 추억도 그는 여태 간직하고 있다.

*

일찍이 서른 해 전, 서른일곱 살에 느닷없이 심장을 멈춰버린 정영상…. 교련복과 참고서를 물려줬던 선배, 동네 뒤편 적계못에서 같이 소먹이고 헤엄치며 놀았던 후배, 문학적 청춘의 어깨동무로 함께 뒹굴었던 선·후배, 이 지우들이 첫사랑의 아득한 언저리를 더듬듯 '사람 정영상'을 그리워하는 가운데 그의 30주기를 맞아 '시인 정영상'을 그리워하는 사람들을 위하여 정영상문학전집을 펴냈으면 했고, 이를 흔쾌히 받아준 출판사 아시아에서 '정영상은 더 널리 더 오래 기억돼야 한다'는 뜻도 보탰다.

*

 아직은 별들이 길을 잃지 않아 꽃은 또 피고 파도는 또 부서지는데, 정영상과 더불어 포항 어느 기슭을 거닐며 속절없이 부르고 또 불렀던 노래들이 저 멀리 산모퉁이를 돌아오고 저 영일만 바다를 건너와서 시나브로 쪼글쪼글 주름지는 손등을 위무하듯 쓰다듬누나! 아들로서, 지아비와 아비로서, 그리고 시인으로서 미완에 그쳐버린 그 애절한 목소리를 여기에 두어 소절 받아둔다.

> 꽃 피는 봄 사월 돌아오면 이 마음은 푸른 산 저 너머
> 그 어느 산모퉁 길에 어여쁜 님 날 기다리는 듯
> ······ ······
>
> 저 푸른 물결 외치는 거센 바다로 떠나는 배
> 내 영원히 잊지 못할 님 실은 저 배는 야속하리
> ······ ······

2023년 4월 15일 '30주기 정영상'을 회억하며
이대환 합장

차 례

책머리에
정영상을 그리워하는 사람들을 위하여 | 이대환 ················ 05

산문편
유고 산문집 『성냥개비에 관한 추억』
1부 유년 이야기

감나무 ··· 18
감꽃과 주현이 ··· 22
밤나무 ··· 26
살구 ·· 30
닥나무 ··· 35
망개 ·· 40
쥐똥나무 ·· 44
송기 ·· 48
볏짚 ·· 51
우물 ·· 57
성냥개비 ·· 61
닭알 ·· 63
벌 1 ·· 66
벌 2 ·· 69
노루 ·· 74
꿩 ·· 77
뱀 ·· 80
지네 ·· 84

시편

제1시집 『행복은 성적순이 아니다』
1부 아이들아

아이들 다 돌아간 후	88	야간 학습	90
영호	92	밤새 잠이 오질 않았다	94
복창	96	아이들아	98
방학하는 날	100	애국 조례 시간	102
청소용구를 나눠주면서	103	어느 해직교사에게 바치는 노래	105
복도 계단을 올라가며	107	김만철씨 가족 소지품 전시회	109
악법	111	불	112
쌀 2	113	쌀 3	114
형제	115	幼年	116
철도원	118		

2부 귀가일기

귀가일기 1	120	귀가일기 2	121
귀가일기 3	122	귀가일기 4	123
귀가일기 5	124	귀가일기 6	125
귀가일기 7	126	귀가일기 8	128
귀가일기 9	129	귀가일기 10	131
귀가일기 11	132	귀가일기 12	133
귀가일기 13	134		

3부 볏단의 노래

왕겨	136	두엄	137
쌀	138	볏단의 노래 1	140

볏단의 노래 2	141	창경원에서	143
牛市場의 눈	144	보리들의 遺言	146
올챙이	148	볍씨	150
상돌이 妻	151	사루비아	153
태양	154	잠을 잘 수가 없는 날은	155
아버지와 가을 1	157	아버지와 가을 2	159
굴뚝	161		

4부 얼음이 우는 밤

오월의 길목	164	광복절이 다시 와도	166
우체국 꼭대기의 태극기	168	변비와 치질	170
봄은	171	얼음이 우는 밤	172
청량리역에서	174	교보문고에서	176
상헌이를 그리워하며	178	공주 순두부집 아주머니께	180
괴동역	182	아르헨티나	184
목성동의 9월	186		

5부 빗방울이 되어

生빛 1	188	生빛 2	190
박수	191	아들아	192
영주에서	194	짐승	196
바다 1	197	빗방울이 되어 1	198
빗방울이 되어 2	199	빗방울이 되어 3	200
근방의 쥐새끼들까지 챙피해서	201	가랑잎 카랑잎	202
목수들이 돌아가고	203	삼청동을 떠나며	205
제천에서	206	첫말을 낳고	207

제2시집 『슬픈 눈』
1부 해직의 봄

해직의 봄 ················· 212
너희들에게 띄우는 가을 편지 ······ 215
교정에 해바라기들은 피어납니다 ··· 218
비 뿌리는 교정을 들어서니 ········ 220
3월과 확성기 소리 ·············· 223
북한 선생님께 ················· 229
참았던 눈물 흘러내리는구나 ······ 231
자취생 미숙이 ················· 235
7월의 교실에서 ················ 238

개학날 ······················· 214
幻聽 ························· 217
시험 ························· 219
결심 ························· 222
님은 스물 일곱이었습니다 ······· 225
1989년 5월 28일················ 231
쫓겨난 학교, 그리워 찾아가니 ··· 233
돌멩이 하나 ··················· 237
나는 죽어서 말합니다 ··········· 239

2부 봄이 되면 김치를 먹을 수 있으려나

원주역에서 ··················· 242
맨밥을 먹는다 ················· 246
지금 내 곁에는 ················ 250
휴지통 ······················· 253
불빛 따라 사람살이가 변하는구나 ··· 255
은행나무 아래서 ··············· 259

봄이 되면 김치를 먹을 수 있으려나 ··· 244
病 ·························· 248
고백 1984 ···················· 251
어느 겨울방학 ················· 254
서둘러 외투를 입고 ············· 257
배추쌈을 싸며 ················· 261

3부 슬픈 눈

매포 ························ 264
봄은 화염병으로부터 온다 ········ 267
끔찍한 꿈 ···················· 270
절규·2 ······················ 273
전신주 ······················· 276

슬픈 눈 ······················ 266
저당잡힌 祖國 ················· 269
절규·1 ······················ 271
절규·3 ······················ 274
휴지는 왜 돌아다니는가 ········· 277

김구 선생님 기념우표를 붙이면서 … 278	아무도 태극기를 달지 않았다 …… 279
1980년대의 상식 · 1 …………… 283	1980년대의 상식 · 2 …………… 284
1980년대의 상식 · 3 …………… 285	1980년대의 상식 · 4 …………… 286
드라큘라 ………………………… 287	목표 ……………………………… 288
3월 1일 아침 …………………… 289	봄은 헬리콥터 타고 왔다 ………… 290

4부 고향집 門살

고향집 門살 …………………… 294	소를 팔아 버린 날 ……………… 296
미꾸라지 ………………………… 298	아우 · 1 ………………………… 300
유년 · 2 ………………………… 302	눈 오는 밤 ……………………… 304
아버지의 편지를 받고 …………… 306	情談도 못 나누고 ……………… 308
바다 · 2 ………………………… 310	친구 정태영 기사에게 ………… 311
종호에게 ………………………… 313	뽑히지 않는 뿌리 ……………… 315

5부 스물아홉 해의 가을

우산 ……………………………… 318	스물아홉 해의 가을 …………… 319
시월의 강물은 흐르고 …………… 320	그대 ……………………………… 322
은총의 시간 ……………………… 323	처서 이후 ……………………… 325
며칠째 비는 오고 ………………… 327	뚝길에서 ………………………… 329
조치원행 직행버스 ……………… 331	의림지 가면서 ………………… 333
의림지 물소리 …………………… 335

유고 시집 『물인 듯 불인 듯 바람인 듯』
1부 나는 집게손가락을 움직이고 싶다

바다 …… 338	목련 …… 339
불치의 病 …… 340	십 년 …… 341
넝쿨 …… 342	돌 앞에 앉아 …… 343
앞날 …… 344	단양에서 1 …… 345
단양에서 2 …… 346	자물통과 열쇠 …… 347
밥 한 그릇 …… 349	나는 집게손가락을 움직이고 싶다 … 350
백지 …… 351	운명 …… 352
술 …… 354	그릇에 대하여 …… 356
솔직하게 말해서 …… 358	나는 시를 도통한 듯한 어법으로 쓰지 못한다 … 359

2부 산다는 길

무제 …… 362	겨울 山寺에서 …… 363
가을 홍수 …… 365	가을 …… 366
혼례의 詩 …… 367	수도꼭지를 틀며 …… 368
봄날 저녁 …… 369	재가 된 8월 …… 371
사랑한다는 것은 어려운 것이리 …… 373	화양동 계곡 …… 375
立春 …… 376	목욕탕에 가면 …… 378
화장실 변기 물을 내리며 …… 379	휴지통 …… 380
사무실의 가을 …… 381	봉헌 미사 …… 382
산다는 길 …… 383	

3부 객지의 달

봄비 …… 386	봄소식 2 …… 387
악의 꽃 …… 388	아내의 아침 …… 389

유치원에서 늙어가고 ……………… 391	미쓰 호산나 …………………… 392
철가방 ……………………………… 393	아버지와 함께 누워 …………… 394
좌변기에 앉으면 아버님 생각이 난다 … 395	新단양역에서 …………………… 396
어머님 칠순 ……………………… 397	객지의 달 ………………………… 398
깊은 밤 …………………………… 399	돌아와야 한다 …………………… 400
옛사랑 …………………………… 402	귀뚜라미 ………………………… 403
아궁이불에 관한 회상 …………… 405	6월 ………………………………… 406
솔개미 …………………………… 407	군불을 때면서 …………………… 408
저녁 밭길 ………………………… 409	白露 ……………………………… 410
5퍼센트의 고향 …………………… 411	新농부가 ………………………… 412
쌀 ………………………………… 413	고향哭 …………………………… 414

4부 주먹을 쥔 내 손은 외로웠다

자전거 페달을 전속력으로 밟는다 … 418	학교를 훔쳐보러 간다 …………… 419
내 편지는 빨갛다고 돌아오는데 … 422	나는 너희들에게 편지를 쓰지 못한다 … 424
주먹을 쥔 내 손은 외로웠다 …… 426	해직 1년 ………………………… 427
인질 ……………………………… 429	봄은 되었건만 …………………… 431
탱자꽃 …………………………… 432	철새는 날아가고 ………………… 434
단양에서 3 ……………………… 436	그대 찬가를 완성하기 위하여 2 … 438
일직날 …………………………… 439	3월 ………………………………… 440
唐人 ……………………………… 442	오근장역에서 …………………… 444
맑은 눈 …………………………… 446	사랑하고 싶은 사람 박화영 …… 448
길 ………………………………… 449	거울 ……………………………… 450
김수열 …………………………… 451	김수열과 포니 투 ………………… 453
맹장염 …………………………… 455	김종찬 …………………………… 456
정덕화 …………………………… 458	홍창식 …………………………… 459
진흙 ……………………………… 460	동지의 무덤에 풀을 베며 ………… 461

5부 깃발을 보면 눈물이 난다

내가 저주하는 사람 ········· 464	식칼 1 ················· 465
식칼 2 ················ 466	개구리 울음 ············ 467
안부 ················· 468	화염병 ················ 470
내란 ················· 472	깃발을 보면 눈물이 난다 ···· 474
부검하고 싶어 미치겠어요 ····· 475	어느 물고기의 최후진술 ····· 476
신문을 찢는다 ············ 478	UN에 가입한 가을 ········ 480
어느 야만국의 국민건강 시험문제 ··· 481	동지와 가을 ············ 483
흑백 ················· 484	

평론

물처럼, 불처럼 그리고 바람처럼 – 정영상론 | 권순긍 ············· 488

산문편

유고 산문집 『성냥개비에 관한 추억』

감나무 외 17편

감나무

어린 시절 시골집 뒤안 한가운데 참감나무가 한 그루 있었고 사랑채 연자방앗간 앞에 또 참감나무가 한 그루 있었다(연자방아로 보리, 벼, 좁쌀, 수수 등 찧지 않는 것이 없다).

그리고 변소채 울담 너머에 납작감나무(당시 시골말로 따베이감이라고도 함 : 따베이는 여자들 물 길어 오는 독이나 무엇을 머리에 일 때 밑에 받치는 수건 같은 것임)가 한 그루, 그 옆에 채전(菜田)이 있고 채전과 담 사이에 단감나무가 한 그루 있었다.

그런데 참감나무는 우리 어머니가 대고동, 고동이라고 불렀다. 큰채 뒤안에 있는 참감이 더 크고 맛이 좋아 대고동이라 부르고, 연자방앗간 앞에 있는 것은 참감인데 맛이 덜하고 크기도 좀 작아 그냥 고동이라 했다.

대고동은 많이 열리지 않았고 고동은 주렁주렁 가지가 휘도록 열렸다. 그리고 대고동은 제사 때 쓴다고 어머니가 따먹지 못하게 하는 걸 몰래 따먹었던 기억이 난다.

그 대고동 감나무 옆엔 장독간이 있어서 어머니가 늘 깨끗이 치우기 때문에 감나무 밑까지 깨끗했다. 무언가 그 감나무는 범접하기가 힘들어 그 감을 따먹을 때는 가슴이 쿵쿵 뛰었던 생각이 나는데 연자방앗간이 있는 쪽 고동 감나무 밑은 수채가 흘러가고 지붕도 없이 동그란 빈 독으로 만든 작은 변소가 있어서 냄새가 많이 났다. 어떤 때는 간신히 긴 대나무로 건드려 홍시를 하나 따 보려다 그게 그만 그 변소로 풍덩 빠져 버리기도 했다.

하지만 열 살 안팎의 어린 나는 냄새가 문제가 아니라 너무 배가 고팠기 때문에 학교에서 돌아오기 무섭게 어머니가 별로 혼을 내지 않는 연자방앗간 쪽의 고동홍시를 따먹었다.

홍시 얘기가 어쩌다가 먼저 나왔다. 사실 홍시 얘기 전에 풋감 얘기를 먼저 해야 하는 건데.

6월이면 감꽃이 핀다. 그리고 7월이나 8월이면 풋감이 열리는데 그때는 하도 배가 고팠기 때문에 풋감을 무수히 주워다 먹었다.

아주 어린 풋감, 십 원짜리 동전만 한 풋감부터 먹었다. 풋감이 저절로 곪아서(이걸 익는다고 했던가?) 떫지 않은 것을 먹기도 하고. 식전에 일찍 가면 풋감들이 무수히 떨어져 있는데 그것을 대바구니 같은 걸로 주워 온다든가 책보자기로 싸 가지고 온다.

풋감은 그냥 먹으면 너무 떫기 때문에 장독간의 빈 장독 뚜껑에다 물을 담아 그 속에 풋감을 담가 놓으면 저녁때쯤은 익게 된다. 삭는다고 하는 표현이 맞을 것이다. 7, 8월은 워낙 날씨가 덥고 볕이 뜨겁기 때문에 볕이 바짝 드는 곳에 두면 물에 담긴 생풋감이 익어 떫은맛이 없어진다.

가을에 노랗게 익은 감을 단지에 넣고 짚을 넣은 다음 이불 같은 걸로 싸서 따뜻한 구들목에 한 이틀 두면 떫은맛이 없어지고 단맛만 나는데 그것을 우리는 요즘 시장에서 사 먹는다.

그런 가을철 감이야 그 시절에는 고급이라서 시장에 내다 팔아야 하고 우리는 아주 어린 풋감부터 주워서 배를 채웠다. 동생과 따로 담가 놓고 어쩌다 내 것이 덜 익거나 모자라면 몰래 동생 것이나 엄마가 담가 놓은 것을 훔쳐 먹다 싸우기도 많이 했다. 그래서 논물에다 담가 두기도 했다.

참 아까 우리집 감나무를 얘기할 때 가장 중요한 큰 감나무에 대해서는 빼먹었다. 우리집 앞마당(앞마당 앞은 대밭이고 대밭 앞엔 문전옥답, 바로 계단식

천수답이 있었다)엔 아름드리(지금 내 팔로 안아도 한 아름 이상 되는) 돌감나무가 있었다. 이 돌감나무는 어마어마하게 가지도 많이 뻗고 키가 커서 어릴 때 보면 하늘에 닿은 것 같았다.

나는 이때 나무에 올라가는 것을 배워서 지금도 나무 타기는 잘한다. 아슬아슬한 나무 꼭대기까지 올라가서 홍시를 따먹었는데 지금이나 그때나 비쩍 마르고 몸무게가 가벼워서 웬만큼 가는 가지를 밟아도 떨어지지 않았다.

이 돌감나무는 돌감나무 종류 중에서도 종자가 좀 좋아서 무진장 많이 열려도 감이 실하고 그 홍시는 납작감보다 훨씬 달았다. 그런데 이 돌감나무 풋감은 삭혀도 별로 맛이 없어서 풋감으로 삭혀 먹기엔 적당치 못했다.

좀더 얘기하자면 풋감 삭혀 먹는 맛은 납작감이 제일이다. 그래서 우리집 감나무에서 떨어지는 풋감으론 부족해 앞산 밑에 있는 감나무 밭까지 가서 주워 왔다. 그 감나무 밭은 우리집 것이 아니고 아랫동네에 주인이 있어서 아주 새벽녘에 일어나 주워 와야 했다. 어떤 때 늦게 일어나 가 보면 주인이 있다거나 이웃에 사는 내 또래의 애들이 이미 주워 가 버려서 속이 많이 상하기도 했다.

그 감나무 밭에 대해서 얘기하려면 끝이 없는데…….

그 감나무 밭엔 단감나무가 많았고 물동이감이라는 것도 있었다. 감이 물 길어 오는 항아리(독)처럼 길게 생겼는데 그 홍시는 시원하게 물이 많아서 맛있었다. 더구나 그 감은 완전히 익지 않아도 별로 떫지가 않았다. 그리고 그 감나무 밭의 단감나무는 우리집 채전 가에 있는 단감나무보다 종자가 좋아서 아삭아삭 먹기에 좋았는데 그걸 따먹으려고 무수한 노력을 기울였던 기억이 난다.

어떤 땐 들켜 아버지께 종아리를 맞고 그 주인 여자한테 갖은 욕을 다 먹었다. 그 집 아들은 나하고 고등학교까지 같이 다녔는데 감 때문에 별로 사이가 좋지 못했다. 그 후에 그 친구는 큰 병을 얻어 교회에 나가 고쳤다는데 지금은 건강하게 사는가 보다.

얘기가 산만해졌다. 우리집 마당의 그 큰 돌감나무는 내가 국민학교(초등학교, 이하 원문의 '국민학교'로 둠: 편집자) 4학년 땐가, 아버지가 그 감나무에서 떨어져 허리를 다쳤기 때문에 베어 버렸는데 지금도 그 그루터기는 남아 있다. 사실 지금은 그 산골의 우리집도 허물어졌고 감나무들도 거의 베어져 아무도 살지 않지만 말이다. 그 집터는 워낙 양지 바른 곳이라 요즘 돈 많은 사람들이 와서 팔라고 하지만 형님이, 우리 부모님 산소를 그 자리에 할 거라고 천금을 준다 해도 딱 잘라 거절하곤 했다.

하여간 나는 감을 너무 많이 먹어서 변비로 고생한 적도 많았다. 소설의 기법을 빌려서 쓴다면 아마 시간을 두고 다시 써야 제대로 될 것 같다. 곶감 만들 때의 일, 시장에 감 팔러 가던 일 등 다 쓸 수가 없다.

감꽃과 주현이

새벽 일찍 아랫동네 아이들이 눈 부비며 몰려왔다. 주현이네 집 뒤울에 있는 산만 한 돌감나무의 감꽃을 줍기 위해 숨을 헐떡이며 달려왔다.

감꽃이라고 다 맛있는 것은 아니다. 큰 감꽃일수록 맛이 없었다. 대고동시 같은 감은 맛도 있었고 배도 불렀지만 그 꽃은 맛이 없었다. 따베이감, 물동이감, 단감 등은 익으면 굵고 달고 맛있었지만 감꽃으론 빵점이었다. 이런 감의 꽃은 시들시들 말려야 단맛이 났다.

금방 떨어진 감꽃은 돌감나무라야 제맛이 있다. 익지 않은 풋감, 아주 떫은 풋감을 보통 땡감이라 불렀는데, 그 시절 우리는 돌감 중에서도 아주 떫은 돌감을 땡감이라 불렀다. 이런 땡감의 감꽃은 크기가 작고 끝이 벌어지지 않은 채 떨어지기 때문에 그 속에 꿀을 품고 있어서 아주 달고 먹기에도 그만이었다.

이런 먹거리 감꽃의 진수라고 할 수 있는 땡감나무가 바로 주현이네 뒤울에 있었다. 그래서 새벽이면 그 감꽃을 주우려고 아이들이, 때론 아주머니들이 집집마다 한둘은 잠도 설치고 주현이네 집으로 내닫곤 했다.

주현이네는 산지기였다. 정씨 문중 산을 보아 주기도 하고 문전답을 지어 정씨 문중의 모사(1년에 한 번 대조상 제사를 지내는 큰 행사)를 지내 주기도 하고 그 나머지로 사는 그런 집이었다. 우리집과 마찬가지로 가난했지만 나는 그때 그 산이 우리 문중 산이라고 공연히 우월감을 가졌던 기억이 난다.

본동네에서 한참 골짜기로 올라가면 그 첫째가 우리집(대밭집), 그 맞은편이 길수네 집, 거기서 몇 백미터쯤 위로 영곤이네 집, 그리고 다시 한참을 더 올라가서 산지기 집(주현이네 집)이 있었다. 모두 외딴집들이었던 셈이다.

그러니까 오 리 정도의 거리를 아랫동네 아이들이 주현이네 감꽃을 주우러 매일 올라왔던 것이다. 그때 아랫동네 아이들은 주현이네 감나무 가까운 곳에 사는 우리들을 무척이나 부러워했다.

뿐만 아니라 우리집과 그 주위 골짜기엔 감나무, 배나무, 살구나무, 뽕나무, 산딸기 등이 흔했기 때문에 더욱 부러워했다. 나중에 우리가 크면서 아랫동네엔 전깃불도 들어오고 시내버스 타는 데도 가깝고 학교 가기도 좋고 하여 입장이 뒤바뀌어 버리기도 했지만, 그때 그 배고픈 어린 시절엔 먹을 것이 많이 있는 그곳이 최고였다.

그 큰 돌감나무는 감꽃을 수만 개도 넘게 매일 떨구어 놓았다. 꿀벌들이 모여 와 잉잉거리고(그 소리가 굉장히 컸다. 수많은 작은 꿀벌들이 몰려왔으니까) 우리들은 새벽뿐만 아니라 학교를 마치고 돌아오면 책보를 던져 놓자마자 그 감나무 밑으로 몰려들었다.

밤새 떨어진 자욱한 감꽃 자리도 낮이면 맨땅이 되었다. 우리는 그 밑에서 공기놀이, 땅따먹기 등의 재미있는 놀이를 하다가 새로 떨어지는 감꽃을 기다렸다. 감꽃은 수시로 떨어졌는데 떨어질 때마다 서로 주우려고 우우 달려가곤 했다.

새로 막 떨어진 감꽃은 신선하고 꿀도 더 달았다. 감꽃이 잘 떨어지지 않으면 성급한 우리는 나무 위에 올라 가지를 발로 마구 흔들었다. 그러면 우두두 감꽃이 떨어지는데 어떤 땐 아직 꽃봉오리가 채 맺히지 않은 것까지 떨어졌다. 그렇게 되면 그 이튿날 아침에 떨어진 감꽃의 수는 현저히 줄어들었다.

어쨌든 우린 감꽃을 실에 주렁주렁 꿰어 목걸이도 하고 팔걸이도 하여 걸고 다니면서 뽐내기도 하고 즐겁게 먹어 치웠다. 하지만 이런 감꽃도 너무 많이 먹으면 혓바늘이 돋고 밥맛이 없으며 속이 메슥메슥했다.

그리고 감꽃 속에는 간혹 단 것을 좋아하는 솔개미(갈색의 아주 작은 개미)들이 들어가 있는 경우가 있었는데 특별히 개미가 들어 있는 그런 감꽃은 통째로 아작아작 씹어 먹었다. 왜냐하면 할아버지가 개미를 먹으면 힘이 세진다고 했기 때문이었다.

감꽃을 주워 담는 그릇으로 우리는 초배기라는 것을 많이 이용했다. 초배기는 우리 아버지들이 먼(큰) 산에 환장(소나무 껍질을 벗겨 재목으로 쓰기 위해 알맞게 자른 것으로 크고 길다)을 하러 갈 때 보리밥을 싸 담아 가는 대나무 살로 만든 그릇이다.

이 초배기는 주로 여름철에 많이 사용되었는데 그 까닭은 공기가 잘 통하므로 밥을 담아 놓아도 오랫동안 쉬지 않기 때문이었다. 크기는 지금 우리가 먹는 밥공기와 비교해 보면 밥이 세 그릇 이상 들어가는 큰 것이었다. 그 시절 아버지들은 그 밥을 다 드시고도 돌아올 땐 아주 허기진 모습으로 돌아오셨다.

그 큰 돌감나무 집 주현이는 그때까지 내가 본 여자애로는 제일 예뻤다. 그 애를 좋아하던 때가 국민학교 2학년쯤이었을 것이다. 나는 그 무렵에도 질투를 느낄 만큼 그 여자 애를 좋아했다. 이웃 외딴집의 영곤이는 힘이 셌는데 그 녀석도 주현이를 좋아했기 때문이다.

나는 그때도 몸이 약하고 몹시 겁쟁이였다. 그렇지만 마음은 언제나 붉어서 하염없이 고민하고 괴로워하고 끈끈하게 표현하길 좋아했으며, 뭐라고 할까, 가냘프고 아름답게 보여서 환심을 사려고 했다. 실제로 늘 가냘프고 약하면서 아름다운 표정과 감상적 표정을 좋아했는데, 환심을 사려고도 했지만 그 모습이 진실이기도 했다.

여자 애 특유의 감성인지 주현이는 영곤이보다 나를 더 좋아했다. 그래서 영곤이는 툭 하면 우리들에게 시비를 걸었으며 놀이를 훼방 놓았다. 그때 나는 속에서 일어나는 울분이랄까, 여자 애 앞에서 자존심이랄까 부끄러움이랄까, 그런 감정 때문에 참다가 참다가 싸우는 날이면 언제나 코에서 코피가 먼저 났다.

주현이는 워낙 어렸기 때문에 힘센 영곤이보다 약한 내 편이 되어 주었다. 사실 그 후 중학교 때도 나는 사랑(?)에 빠진 적이 있었는데 그때의 여자 애는 강하고 힘세며 부유한 것을 좋아해서 연적(?)에게 참담한 패배를 맛본 적이 있었다.

하여간 그 큰 돌감나무 밑에서 우리는 끊임없이 소꿉놀이를 하면서 엄마도 되고 아빠도 되며 자랐다. 지금 그 집은 그대로 있으나(초가집이 기와집 현대식 건물로 바뀌었지만) 그 큰 돌감나무는 베어지고 없다.

밤나무

나 어릴 때는 밤송이를 '밤이식이'라 불렀다. '이식이'란 말을 지금 생각해 보면 정확하지는 않지만 아마도 벼 이삭이라고 할 때 그 이삭이란 말과 통하지 않나 싶다.

지금은 보통 밤을 먹는다고 하면 알밤을 먹는다고 생각하지만 그때는 알밤이 떨어지기 전에, 즉 밤이 다 익어 밤이식이가 벌어져 떨어지는 알밤이 되기 전에 설익은 하얀 밤을 더 많이 먹었다. 배가 고프니 뭐든지 먹을 거라면 다 익도록 놓아두지 않았던 것이다.

그때 밤나무는 우리 문중 산에도 영곤이네 문중 산에도 길수네가 보는 산에도 있었다. 이 무렵 우리들의 집은 모두 가난해서 소작농 반 자작농 반 그런 형편이었다. 그러니 우리들 집에 산이 있을 턱이 없고 모두 문중 산을 지켜 주고 먹을 것이나 땔감 등을 얻어 썼다.

길수네는 워낙 가난해서 자기집 땅이라곤 한 뼘도 없어(집터와 집까지 남의 것이었다) 주로 환장을 해서 쌀이나 보리쌀을 바꾸어 먹었는데 가을철에는 그래도 자기네가 보아 주는 산에서 나는 밤을 팔아 끼니를 마련했다.

길수네는 벌겋게 익은 밤을 수십 가마니 땄다. 길수네는 강씨였는데 어디서 흘러 들어온 이웃으로 친인척은 물론 문중이고 뭐고 없었다. 그저 하루하루 벌어서 먹고살았는데 밤이 익는 가을철이 그래도 제일 형편이 좋은 때였다.

길수네가 보는 산은 문중 산이 아니라 멀리 읍내에 사는 사람의 산이었다. 그런데 그 산은 온통 밤나무로 덮여 있어 유명했다. 골짝뿐만 아니라 아랫동네를 통틀어 두 번째로 밤나무가 많은 산이었다. 그리고 밤나무의 종류도 주로 올밤나무여서 밤이 크고 일찍 익어 우리들의 큰 부러움 중의 하나였다.

불행하게도 우리집에서 보는 산에는 밤나무가 있긴 있었지만 큰 밤나무론 마흔두 그루가 고작이었고 별로 수확이 없는 밤나무가 몇 그루 더 있었다. 그래서 나는 몰래 길수네나 영곤이네 산에 가서 밤을 따먹거나 주워 올 때가 있었는데 들키는 날에는 가시덩굴로 대밭으로 달아나서 숨었다.

8월 중순이나 하순경이면 알밤은 잘 떨어지지 않아도 대체로 밤이 굵어져서 이식이를 까면 먹을 만했다. 이때는 풋밤이라고 하는 편이 햇밤이라고 하는 편보다 더 정확하리라.

주로 밤이식이는 다음은 대창으로 깠다. 대나무를 잘라서 끝을 편편하고 날카롭게(창 모양은 아니다) 하여 밤을 깠는데 대창이 없을 때는 아무 꼬챙이나 가지고 한쪽 발로 밤을 밟고 깠다.

밤이 다 익기도 전에 푸른 밤이식이를 때론 한 가마니, 한 소쿠리, 한 바지게 정도씩 따서 그것을 빈 쇠죽솥에다 발로 꾹꾹 밟아서 넣는다.

당시 우리들은 주로 고무신을 신었기 때문에 낡은 고무신으로 밤이식이를 밟으면 밤이식이가 신발을 뚫고 들어오기도 했다.

산에서 밤을 깔 때도 나는 신발 때문에 발가락이 벌겋도록 고생을 했다. 더구나 신발 앞이 찢어졌을 때는 어떻게든 밤은 까먹어야 하니 고통이 이만저만 아니었다. 신발이 시원찮을 때는 납작한 돌로 밤이식이를 누르고 깠다. 지금도 눈에 선하다. 정말 운동화가 그리운 때였다.

그러니까 밤알을 까서 삶는 것이 아니라 그냥 밤이식이를 통째로 대량 삶는 것이다. 아직 푸른 밤이식이는 푹 삶아 버리면 까기가 좋기 때문이다. 푹 삶은 풋밤이식이는 밤이식이의 침이 약해지고 밤을 싸고 있는 겉껍질이 부드러워져서 그냥 발로 밟아 뭉개 버리면 속에 있는 밤톨이 그냥 빠져 나오는 것이다.

어쨌건 그렇게 대량으로 삶아 낸 풋밤은 보늬째로 먹어도 쓰거나 떫은맛이 나지 않았다. 보늬란 알밤의 껍데기를 벗겨 내도 또 들어 있는 얇은 속껍질을 말한다. 완전히 익은 밤은 삶아도 보늬를 벗겨 내지 않으면 쓰거나 떫다.

형, 동생, 엄마까지 모두 달려들어 쇠죽솥에다 삶아낸 밤을 깠다. 그런 날은 무슨 축제일처럼 집안이 희희낙락했다. 맛있는 밤이 너무 많았기 때문이다. 늘 부족해서 뭐든 부족해서 쩔쩔매다가 이렇게 실컷 먹게 되는 날은 흔하지 않았기 때문이다.

이렇게 밤을 많이 먹은 다음날은 밤똥 냄새가 났다. 쇠죽솥에 밤을 그렇게 대량으로 삶는 이 날을 '밤털이 하는 날'이라 불렀다. 그런 날은 흔하지 않았기 때문이다. 풋밤 무렵 두어 번, 그리고 끝물에 두어 번 정도 있었다.

이렇게 우리는 주식을 제대로 배불리 먹지 못했기 때문에 계절마다 늘 다른 먹을 것을 찾아 다녔는데 가을철엔 대창 하나를 만들어 밤 까러 다니기가 일쑤였다. 앞에서 말한 삶아 먹는 경우나 간혹 쇠죽솥 아궁이에 구워 먹는 경우는 아주 드물었고 우리는 보통 생밤을 까먹었다.

생밤은 보늬 때문에 떫어서 우리는 밤의 보늬를 벗기기 위해 대나무로 칼을 만들어 가지고 다녔다. 당시에 우리는 잭나이프를 쩨케칼이라고 불렀는데, 이 쩨케칼로 대나무 살을 아주 얇게 깎아 만들어 그걸 주머니에 넣고 다니면서 밤의 보늬를 벗겨 먹는 데 사용했다.

밤을 까먹다 보면 쌍둥이밤, 또는 짝밤이 나올 때가 있다. 우리는 쌍둥이를 쌍디라 불렀다. 이 쌍디밤은 여자 애들이 잘 먹으려 하지 않았다. 어른들이 쌍디밤을 먹으면 쌍둥이를 낳는다고 했기 때문이다. 그리고 이 쌍디밤은 제사 때도 쓰지 않았다. 그래서 아버지는 쌍디밤의 확률이 아주 적은 밤나무, 즉 종자가 아주 좋은 밤나무 한 그루를 지정해 놓고 그 밤나무에서 나는 밤을 제사 때 썼다.

　아버지가 지정한 그 밤나무는 앞산 큰 밭 앞에 있는 올밤나무로 어린 시절에 생각해도 밤의 태깔이 유난히 빛났고 밤의 모양도 유난히 잘 생겼다. 반달 모양으로 둥그스름하게 생긴 그 밤은 크기도 유난히 컸다.

　아버지는 그 밤나무 밑둥에다 가시나무를 칭칭 돌려서 철사로 묶어 놓았다. 아무도 그 밤나무에 올라가서 밤을 따먹지 못하게. 그러나 우리는 어떻게 해서라도 그 밤을 따먹고 말았는데 뭣인가 겁이 나서 그 밤은 그래도 적게 따먹었고 그 밤나무로 가는 횟수도 적었다.

　그 밤나무는 해갈이를 심하게 했다. 귀한 밤나무 표시를 내는지 한 해는 열리고 한 해는 제사 때 쓸 만큼만 드문드문 열렸다. 아버지는 이 밤을 헛간의 작두 밑을 파고 묻어 두었는데 겨울이면 별로 먹을 것이 없는 우리들인지라 아버지 몰래 그 밤을 파먹었던 기억도 난다.

살구

살구는 오조조 달려 있었다. 살구는 올기졸기 달려 있었다. 그래서 특히 살구나무를 향해선 돌팔매질을 많이 했다. 작은 가지 하나에도 수십 개의 살구가 달려 있기 때문에 우리는 돌팔매질 한 번으로 여러 개의 살구를 떨어뜨릴 수 있었다. 특히 길수는 돌팔매질하는 데 힘도 있고 명중률이 높았다.

다른 과실과 마찬가지로 살구도 풋살구부터 몸살을 앓아야 했다. 도무지 우리의 고픈 배는, 그리고 심심풀이는 먹을 것이라면 그냥 둘 수 없었기 때문이다. 풋살구 중에도 살구꽃이 떨어지고 살구 형상이 생겨나서 얼마 되지 않은, 아직 살점도 채 붙지 않은 새끼 살구까지 우린 그냥 두지 않았다. 씨가 아직 단단하지 않고 엷은 껍질 속에 물을 그대로 담고 있는 것까지 까먹었으니까.

어린 풋살구씨는 그 속에 액체가 꽉 차 있기 때문에 그 씨를 먹기도 했고 또 장난하는 데 많이 이용하기도 했다. 그 씨를 손톱으로 찍 누르면 통통하게 들어 있던 물이 밖으로 튀기 때문에 우리는 가만히 있는 사람의 얼굴에다 그 장난을 하기도 했다.

우리가 사는 골짜기에는 여러 그루의 살구나무가 있었는데 유독 우리집에만 살구나무가 없었다. 우리집에 다른 과실나무는 대체로 있었는데 말이다. 가장 꼭대기 집인 주현이네는 앞마당에 큰 호박살구나무가 있었고 뒤꼍에 밀살구나무가 한 그루 있었다.

호박살구는 크기가 제일 크고 물이 많고 찰지고 달았기 때문에 우리는 주현이네 호박살구를 으뜸으로 쳤다. 한여름에 그 나무 밑에서 살구 홍시가 떨어지길 얼마나 기다렸던가.

밀살구는 왜 밀살구라고 그랬는지 확실치는 않지만 살구가 밀알 모양으로 생긴 데서 연유한 것 같다. 호박살구는 그야말로 잘 익은 호박의 속처럼 붉었다. 살구 중의 왕이었다.

영곤이네 우물가엔 팥살구나무가 있었다. 길수네 집 앞은 남의 집 밭 귀퉁이였는데 개살구나무가 한 그루 있었다. 그 외에도 군데군데 종자가 별로 좋지 않은 크고 작은 살구나무가 있었다. 금방 얘기했지만 살구의 으뜸은 주현이네 호박살구였고, 그 다음에 우리에게 큰 관심을 주었던 살구는 영곤이네의 팥살구였다.

팥살구는 크기가 잘았다. 구슬보다 조금 더 큰 팥살구는 정말 올망졸망 얼마나 많이 달렸던지. 그리고 그 맛은 한 입에 넣고 오물오물하면 그냥 녹아 버려 씨만 남을 정도였다. 크기가 잘아서 한 입에 다섯 개도 들어갔다. 밀살구는 다 익어도 어딘가 떨떠름하면서 맛도 심드렁했는데 팥살구는 팥고물처럼 맛이 있었다.

영곤이는 그 살구나무 때문에 유세가 대단했다. 가뜩이나 심술보가 있었던 그 애는 그 팥살구로 한동안 행세를 했다. 자기 말을 잘 듣지 않는다든가 다른 맛있는 것을 자기한테 주지 않는다든가 내가 주현이와 같이 논다든가 하면 영곤이는 한창 팥살구가 익어 떨어질 무렵엔 그 살구나무 밑에도 못 오게 했다.

영곤이는 자기 말 잘 듣고 자기 맘에 드는 애들만 오게 했다. 그래서 나는 한때 그 녀석에게 비굴해지면서까지 놀러 가기도 했다. 그리고 영곤이는 가을이면 자기집의 유일한 자랑거리인 떡감나무 때문에 또 한 번 우쭐

했다.

 돌팔매질로 개살구를 따먹던 처음으로 돌아가 보자. 종자가 좋은 호박살구, 참살구, 밀살구, 팥살구 등은 보통 집안이나 뒤꼍에 있었기 때문에 우리는 함부로 돌팔매질을 하지 못했다. 더군다나 어른들이 무엇이든 아끼고 익혀서 과실을 팔아야 했기 때문에 과실을 못 따게 했다.
 그러나 개살구는 밭둑이나 길수네 집 옆에 있었다. 당시에 길수네는 상놈 집이라고 불렀다. 길수 아버지가 동사지기를 했기 때문이다.
 동사지기는 동네에 무슨 일이 있으면 새벽같이 산에 올라가서 소리쳐 알리던, 요즘 같으면 마을 어귀의 확성기 역할을 말한다. 예컨대 부역이 있으면 길수 아버지가 산에서 큰 소리로 "부역 나오시오." 하고 외쳤다. 그래서 우리 문중 여자들도 길수 아버지한테 하대를 했던 기억이 난다.
 지금도 그렇지만 그 동네는 사실 연일 정가의 종가가 모여서 살던 곳이었고 포은의 조상 무덤이 있는 곳이었다.
 하여간 길수네 집 옆에 있는 우물가 개살구나무는 홍역을 치렀다. 우리는 그 설익은 풋살구, 살구 중에서도 시고 떫은맛이 없는 개살구를 향해 수없이 돌팔매질을 해 왔으니까. 힘센 길수는 돌팔매질을 한 번 할 때 여러 개의 살구를 명중시켜 떨어뜨리는데 나는 팔심이 약해 헛방을 많이 했다. 살구는 안 떨어지고 돌팔매만 허공으로 날았다.
 그때 우리들의 돌팔매로 인하여 깨진 머리가 지금도 내게는 흉터로 남아 있다. 어쨌건 우리는 그렇게 머리가 깨지면서도, 그 신 살구를 눈물을 흘리면서 오만 인상을 찌푸리면서 먹어 치웠다.
 그래서 개살구는 채 익지도 못하고 잎은 너덜너덜 찢어지고 상처투성이가 되어 앙상하게 변해 버렸다. 지금 그 나무는 밑둥의 흔적도 없지만.
 개살구를 다 해치우고 나면 우리는 주현이네 호박살구나무 밑으로 몰렸다. 당시 우리는 열 살 미만이거나 그보다 한두 살 더 된 무렵이었기 때문에 낮에 일하러 갈 경우는 별로 없었다. 그래서 어른들이 일하러 가고 난 뒤 주현이네 안마당에 몰려 땅따먹기를 하며 호박살구가 떨어지길 기다렸다.

호박살구는 올살구여서 살구 중에서도 빨리 익는 축에 속했다. 주먹만 한 호박살구가 건들바람이라도 휙 불거나 하면 하나 아니면 두 개 정도가 툭! 큰 소리로 떨어졌는데 우리는 그걸 주우려고 온 신경을 집중했다.

씨름 따위는 못해도 나는 손가락이 길어 땅따먹기는 잘했다. 우리는 땅따먹기 놀이를 할 때 떡돌멩이를 동전 모양으로 납작하게 갈아서 사용했다. 물론 구슬도 이 떡돌로 만들었다. 그리고 살구를 다 먹고 남은 씨는 씨대로 모아서 공기놀이하는 재료로 사용했다.

아, 해 가는 줄 모르고 어두울 때까지 그 나무 밑에서 놀다 보면 어머니들이 수십 번씩 아무개야, 뭣이야, 환아(어릴 때 내 이름) 하고 불렀다. 그리고 집에 돌아가면 엉망이 된 옷 때문에, 또는 쇠꼴을 하나도 해 오지 않았기 때문에 어머니에게 얼마나 꾸중을 들었던가.

중학교 때는 찐빵이 하도 먹고 싶어서 나는 이 살구를 책가방 한쪽 가득 넣어 가서 빵과 바꿔 먹기도 했다. 그리고 친구들한테 내일 살구 줄 테니까 십 원만 꿔 줘, 오 원만 꿔 줘 해서 찐빵을 사 먹고 그 이튿날 살구로 갚았다.

우리집엔 살구가 없었기 때문에 나는 식전 일찍 아랫동네에 있는 살구나무에서 몰래 따 오거나 그 전날 가지째로 꺾어 놓았다가 구들목에 묵혀서 가져갔다. 사정이 여의치 못해 살구를 못 가져가는 날이면 친구한테 신용을 잃고 다시 돈을 꾸지 못하기도 했다.

더구나 읍내 중학교엔 시내(포항)에서 퇴학 맞고 전학 온 심술궂고 깡패 같은 녀석들이 있었는데 나는 그 애들에게 시달림을 많이 당했다. 다른 애들에게는 살구를 주고 왜 나한테는 안 주냐면서 "너 내일 살구 가져와." 하고 협박조로 얘기하면 나는 그까짓 것 그러마 했다가 살구가 없어서 또는 주인이 지키고 있어서 살구를 못 구해 가는 날은 얻어맞기도 했다. 하여간 나는 그 시절 시골의 나무 한 그루처럼 어찌 그리 약하고 못났던지.

닥나무

닥나무는 나무 전체가 검다. 줄기, 가지 잎 모두가 먹색이다. 한창 싱싱할 때는 검은 녹색으로 보이기도 한다.

닥나무는 요즈음 보기 힘든 나무에 속한다. 야생 닥나무는 여간 눈여겨 보지 않으면 시골에서도 잘 볼 수 없다.

닥나무는 어린 시절 우리 동네에서 유일하게 우야네집(이름이 이혁우인데 우리는 그 애를 우야라 불렀다)에서 재배하고 있었다.

우야네는 제남댁이라는 택호로 불렸는데 우야네 아버지 제남 어른은 무섭고 독하기로 소문나 있었다. 노인네가 아주 차디찰 만큼 표정이 냉랭했고 말을 하면 쏘아붙이듯 표독스러워서 우리는 그 노인만 보면 비실비실 달아났다.

우야네 보리밭은 보리를 베어 내면 콩밭이 되었다. 매우 큰 밭이었는데 그 크고 긴 밭둑에 닥나무가 빽빽했다. 닥나무는 봄에 새순이 돋고 작년에 베어 낸 그루터기마다 여러 개의 새순이 돋는다. 초가을이면 우리들의 키보다 더 크게 자랐는데 순 굵기는 어른들의 엄지손가락만 했다. 그런 순이 그루터기에서 여러 개 뻗어 나오고, 가지는 그렇게 많이 치지 않고 직선으로 쭉쭉 뻗어 난다.

잎이 검어서 그렇지 모양은 뽕나무와 흡사했다. 그러나 굉장히 거칠고 두껍고 껄끄러웠다. 그 잎은 소들이 잘 먹어 닥나무를 수확할 때 훑어서 소에게 먹였다. 닥나무가 열매도 아닌데 수확한다는 게 이상하게 들릴지 모르지만 가을이면 닥나무 줄기 밑둥을 모두 베어 낸 뒤 묶어 어디론가 팔아 넘겼기 때문에 수확이라고 할 수밖에 없다.

콩이 익을 무렵엔 그 긴 밭둑에 닥나무 끌대기(밑둥)만 뾰족 남았고 봄이면 그 끌대기 곁에서 새로운 줄기가 돋아났다. 그래서 닥나무 밑둥은 들쑥날쑥하면서 넓게 퍼졌다.

닥나무가 한지의 원료가 된다는 것은 누구나 다 알고 있었지만 그런 것과는 상관없이 그 무렵 우리들에겐 닥나무가 식물적 상상력의 근원으로 남아 있다.

우리들은 한지를 닥종이, 문종이라 불렀는데 그것은 닥나무가 곧 한지의 재료가 된다는 것을 알고 있었던 셈이다. 그러나 그것은 문제가 안 되었다. 한지를 닥나무로 만든다 해서 닥종이(이를 우리는 '닥조오'라고 불렀다. 고향 사투리로 종이를 조오라고 했기 때문에), 문을 바른다 해서 문종이라 했을 뿐, 그것은 우리에게 큰 의미가 없었다.

닥나무가 우리들에게 소중했고 사랑받는 것은 닥나무의 껍질 때문이었다. 닥나무 껍질이 종이 원료가 되는 것과는 상관없이 닥나무 껍질이 질기고 튼튼했기 때문에 그것은 우리들에게 필요한 것이었다. 그래서 우리는 닥나무를 몹시 좋아했다.

우리는 대나무 활을 만들어 활줄을 매는 데 유일하게 닥나무 껍질을 이용했다. 야생의 닥나무는 순을 자르지 않는 까닭에 제멋대로 커서 곁가지가 촘촘히 났다. 그렇기 때문에 아주 특별한 경우가 아니면 우리는 우야네 밭둑에 있는 껍질 벗기기 좋은 길고 미끈한 닥나무를 베어 왔다.

닥나무 밭둑 앞에 시누대밭이 있었는데 우리는 무서운 제남 어른에게 들키지 않기 위해 그 시누대밭 속에 숨어 있다가 몰래몰래 닥나무 몇 그루를 베어 왔다.

닥나무 껍질은 거칠고 두꺼워서 우리는 껍질을 벗기고 다시 껍질의 겉껍질을 벗겨 냈다. 그러면 하얀 속껍질이 나오는데 우리는 그것을 가늘고 길게 찢어 냈다. 그렇게 가늘고 길게 찢어 낸 속껍질을 두 가닥으로 해서 실낱같은 새끼를 꼬았다.

그 당시 집집마다 짚 가마니를 짜고 짐이란 짐은 무엇이든 짚 새끼로 묶었기 때문에 어린 우리들도 새끼 꼬는 데는 모두 명수였다. 작은 손으로 정성껏 꼰 닥나무 속껍질 새끼는 정말 고운 실낱 같았다.

활줄은 가늘고 질겨야 팽팽하며 화살을 끼우기가 좋다. 그래서 우리는 정성을 다해 닥나무 속껍질을 빚었다. 닥나무의 속껍질을 만들자면 닥나무 겉껍질을 벗겨서 물에 한참 담가 놓아야 잘 벗겨졌다.

그리고 우리는 활줄을 멋있게 하기 위해서 가는 속껍질과 겉껍질을 3대 1의 비율로 섞어 새끼를 꼬기도 했는데 그렇게 하면 새끼줄 중간중간에 검은색이 섞여 모양이 좋았다. 어쨌든 그 닥나무 새끼줄은 직경 3~4밀리미터 정도(더욱 정성을 들인 것은 2~3밀리미터)의 굵기가 되는데 그것을 대나무 활에다 묶었다.

대나무의 탄력은 굉장해서 이 닥나무 새끼줄이 아니면 활줄로 쓸 수 있는 줄이 거의 없었다. 요즈음처럼 고급 나일론 줄이 있으면야 말할 것도 없지만 말이다. 마디가 긴 대나무로 활을 만들면 화살을 당길 때 쉽게 휘기 때문에 힘이 없었다.

그래서 튼튼한 활을 만들기 위해서는 마디가 짧은 것을 이용했는데 좀더 좋은 것은 대나무 밑둥이었다. 이것은 만들어 놓으면 진짜 우수한 활이 되었지만 만들기가 너무 어려웠다. 잘 휘어지지 않기 때문에 불에다 슬쩍 구워 휘게 하면서 만들어야 했다.

탄력과 힘이 좋은 강한 활을 만들 때는 특히 닥나무 활줄이 튼튼해야 했기 때문에 굵기도 굵었다. 형들은 대나무 뿌리를 불에 달구어 화살을 만들기도 했으나 우린 너무 어려워 잘 만들지 않았다.

기왕 활 얘기가 나왔으니 우리가 그때 만들어 쓰던 화살 얘기도 좀 하면, 화살의 재료는 삼대였다. 즉, 마(麻) 줄기를 이용했다. 그것도 오래된 마 줄기를 화살대로 이용했는데 주로 초가집 처마에서 구했다.

초가집은 짚으로 덮은 이엉 속에 보통 갈대나 마른 억새를 한 번 두껍게 깔았는데 억새나 갈대 대신에 더 좋은 줄기를 쓰기도 했다. 그래서 우리는 삼 줄기로 된 초가집을 찾아다니며 삼 줄기를 뽑아다 썼는데 우리집은 큰 채와 사랑채의 처마가 모두 삼대로 이루어져 있었다.

그리고 우리집에서 조금 떨어진 영곤이네와의 중간 지점에 위택이네라고 하는 과부집이 있었는데 이 집도 처마가 삼대로 되어 있었다. 길수네나 영곤이네, 주현이네는 당시 우리집보다 더 못살았기 때문에 삼대 대신에 억새를 주로 썼다.

우리는 화살대로 사용하는 오래 묵은 처마의 삼대를 제랍이라고 불렀는데 지금 생각해 보면 그 제랍이라는 말이 어디에서 어떻게 연유되었는지 모르겠다.

하여간 우리는 이 제랍으로 화살대를 만들었는데 그 어떤 재료보다 훌륭한 것이었다. 제랍은 속이 비었고 오래 묵어서 가볍고 단단했기 때문에 활을 쏘면 무엇보다 멀리 날아가는 장점이 있었다.

그러나 이 제랍은 화살로 적당하긴 했으나 충분히 구할 수가 없었다. 왜냐하면 지붕 속을 받쳐 주는 이 제랍을 마구 빼냈다간 집에 비가 샐 우려도 있었고 아버지나 할아버지께 들키는 날에는 불벼락이 떨어졌기 때문이다.

우리도 양심은 있고 또 겁이 나서 우수한 제랍을 화살대로 사용하기가 어려웠다. 그래서 고급 화살대로는 이 제랍을 사용하고 그냥 허드레 화살로는 가는 시누대 말린 것이나 싸리나무 곧은 것을 이용했다.

그리고 화살촉은 시누대 한 마디씩을 자르고 그 마디 부분을 낫으로 아주 날카롭고 뾰족하게 다듬어 만들었다. 이 대나무 화살촉에다 제랍을 끼우면 질 좋은 화살이 되었다.

나무를 목표로 '맞추기 시합' 같은 것을 할 때 우리는 화살촉을 쇠못으로 대신했다. 못대가리를 없애 버리고 제랍 속에다 못을 끼운 다음 실이나 철사로 칭칭 감았던 것이다.

그 무렵 솔직히 활이나 활줄, 화살 등은 내가 제일 이쁘게 만들었다. 나는 그 무렵에도 그리거나 이쁘게 만드는 것을 좋아해서 화살촉 하나 활줄 하나 만드는 데도 유난히 모양을 냈다.

길수나 영곤이 등은 튼튼한 것을 좋아한 반면, 나는 모양을 아름답게 하는 것을 좋아했다. 그 천성은 부끄럽지만 지금도 늘 잠재되어 있다.

닥나무 껍질로 만든 활줄은 말이 쉽지 여간 꼼꼼히 신경쓰지 않으면 화살이 잘 끼워지지 않았는데 자랑 같지만 나는 그런 꼼꼼한 것을 잘 만들어서 애들로부터 부러움을 샀던 기억이 난다.

어쨌든 우리는 그렇게 만든 활과 화살로 참새를 잡으러 간다느니 토끼를 잡으러 간다느니 하면서 온종일 앞산 뒷산 쏘다녔는데 사실은 아무것도 잡지 못했다.

망개

 망개를 나무라 불러야 할지 덩굴이라 불러야 할지 망개가 무슨 식물과에 속하는지 그런 건 크게 중요하지 않다. 왜냐하면 이 글쓰기는 식물과 나의 유년 이야기, 동물과 나의 유년 이야기를 쓰려는 것이지 식물의 박학한 면을 드러내려는 것이 아니기 때문이다.
 그러나 글을 쓰다 보니 때로는 식물의 바른 이름 정도는 상식일 것 같아 사전을 찾아보았다. 더군다나 어린 시절에 불렀던 식물의 이름이 현재 지상에서 옳게 불려지고 있는지 그런 나무가 정말 있었는지 궁금해서도 찾아보지 않을 수 없었다. 특히 망개 같은 것은 정말 엉터리 이름이 아닐까 하는 의구심이 많이 생겼다.
 다행히 국어사전에는 망개나무가 있었고 다음과 같이 간단히 적혀 있었다.

> 망개나무 : 갈매나뭇과에 딸린 갈잎 큰키나무. 잎은 길고 둥근 모양이고 톱니가 없으며 잎 뒤가 분처럼 흼. 여름에 잎겨드랑이에서 엷은 녹색꽃이 취산 꽃차례로 핌. 핵과는 동글동글하며 가을에 붉게 익음. 천연기념물 207호.

 그런데 정말 무슨 식물의 성질이나 모양은 유년 시절의 놀이나 기억나는 일, 재미있었던 일과 관련이 없으면 세세히 깊게 묘사하는 것은 피하려 했는데 사전을 찾아 망개나무를 읽어 내려가다 보니 취산 꽃차례라는 말이 나온다. 그냥 넘어가기엔 너무 불성실한 것 같아 다시 사전을 찾으니 '취산

꽃차례 : → 취산 화서'가 나왔다.

> 취산 화서(聚繖花序) : 유한 화서의 하나. 산방(繖房) 화서와 거의 같으나 갈라져 각 꽃대마다, 또는 한가운데의 꽃으로부터 피기 시작함.

이렇게 되어 있다. 나 원 참, 건드려 혹 붙인다더니 점점 아리송한 소리다. 식물 연구가나 알아볼 소리다.

그래서 궁금증은 이 정도로 풀고 이야기를 내 식으로 전개해 나가기로 했다.

내 어릴 적 기억으로는 망개는 나무라기보다 덩굴이었다. 사전에 나오는 망개나무가 혹 어릴 때 본 망개가 아닐지도 모른다고 생각했으나 '잎 뒤가 분처럼 흼'이라는 사전의 내용은 그런 의심을 벗기기에 충분했다.

덩굴이라도 보통 덩굴이 아니라 탱자나 찔레, 장미 덩굴처럼 사나운 덩굴이었다. 특히 찔레 덩굴처럼 자욱했으며 그 침은 찔레 덩굴의 침보다도 훨씬 길었다.

그래서 우리는 여름에 산을 타고 다니다가 망개 덩굴에 정강이며 장딴지, 발등 등을 얼마나 긁혔던가. 큰 덩굴은 줄기가 나무처럼 크고 굵게 자라서 그 밑으로 기어 내려오다 발이나 손등을 얼마나 자주 긁혔던가.

한창 여름의 망개(지금부터 망개라는 말은 망개 열매를 호칭함)는 흡사 푸른 녹색의 포도송이 같다. 자잘한 것은 머루 알 같은데 우리가 주로 먹었던 것은 한창 여름의 푸른 망개였다.

입 안에 넣어 요즘 '오징어 땅콩'이라는 과자를 깨물 때처럼 깨물면 입 안에서 꽈리 터뜨리는 소리가 났다. 표현할 길이 없지만 그 꽈리 터지는 듯한 소리가 좋아서 우리는 망개를 일삼아 먹었다. 지금 내 입 안에서는 그때 깨물던 입 모양이 침과 함께 재현되고 있다.

 그 깨지는 소리는 너무 부드러웠다. 맛은 시큼하면서 약간 떫었는데 속살과 겉껍질 모두 부드러워 한 입에 몇 개씩 넣고 깨물어 먹기도 했다. 떫떠름하고 시큼한 게 채소와 비교하면 상추 맛 같았다. 그러나 지금 같으면 누가 그걸 먹으랴. 아, 꽈리처럼 입 안에서 깨지던 푸른 망개의 여운이여.

 망개는 우리의 주요한 소꿉놀이 등장물이기도 했다. 어린 망개의 속은 다른 열매처럼 수분이 그렇게 많지 않아 우리에게는 목걸이, 염주, 팔걸이 등의 구실을 했다.

 그것을 실에 꿰어 우리는 얼마나 많이 걸고 다녔던가. 허리를 한 바퀴 돌 만큼 길게 꿰고 다니기도 했지. 방 벽 대못에다 걸어 두어 장식을 하기도 했지. 시들시들 말라 버리면 버리고 또 새것으로 바꾸기도 했지.

 가을이 오면 망개는 익었다. 주황색으로 익다가 주홍색으로 익었다. 붉은 찔레 열매처럼 익었다. 열매의 색이며 생긴 모양 등이 찔레 열매와 닮은 데가 많았다. 우린 그 무렵 찔레 열매를 '까치밥'이라 불렀다. 이 까치밥은 우리들의 먹을거리도 되었지만 겨울에 꿩이나 토끼를 잡기 위해서도 사용되었다.

 붉은 찔레 열매처럼 익은 망개는 그때도 우리들의 먹거리였다. 어떤 망개 열매는 흡사 무당벌레의 등 빛깔처럼 익었다. 망개는 익으면 속이 팍팍한 게 가루처럼 되었고 사과나 배 씨 같은 것이 겉을 둘러싸고 있었는데 다 익으면 가루 같은 그 속이 졸아들어 엉성한 공간이 생기기도 했다.

 우리는 그 씨에 붙어 있는 가루를 입 안에서 빨아 먹고 씨는 뱉어 냈다. 하지만 뭐니 뭐니 해도 망개는 어린 열매, 즉 푸른 열매일 때가 우리의 주된 먹거리였다.

 가을에 산으로 다래나 능금을 찾아다니다가 그것을 찾지 못하면 익은 망개 열매를 따먹었을 뿐이었다. 그러니 익은 망개는 큰 인기가 없었다. 다만 그 색깔과 덩굴의 모양 등이 장식하기에 좋아 가지째 한 아름씩 끊어다 집에 갖다 놓았다.

 지난 추석에 나는 고향에 성묘 갔다가 붉은 망개를 따먹어 보았다. 그때 그 맛은 아니었지만 머리끝이 짜릿한 느낌을 받았다. 망개를 통한 어린 시절의 회상, 온몸에 망개 맛과 망개 빛깔의 자극이 퍼져서 나는 소를 먹이러 가고 소와 함께 망개를 먹고…….

쥐똥나무

　김춘수의 시를 처음 읽을 무렵이 몇 살 때였는지는 정확히 기억나지 않지만, 어린 시절 새총나무라 부르던 그 나무가 쥐똥나무라는 것을 알게 해 준 것은 김춘수의 시였다. '쥐똥나무 까만 열매가 눈을 뜨고'였는지 '쥐똥나무 까만 열매 위로 눈이 내리고'였는지는 잘 기억나지 않지만 하여간 쥐똥나무는 김춘수의 시를 통해 유년의 기억에서 되살아나게 되었다.

　그 새총나무의 원래 이름이 쥐똥나무라는 것을 그때 만약 알았다면 우린 배꼽을 쥐고 깔깔 웃었을 것이다. 그 무렵엔 날아가는 새만 보아도 웃어 대던 시절이었는데 나무 이름에 쥐똥이라는 말이 붙었다면 얼마나 하늘 쳐다보며 웃었을 것인가. 이 나이가 된 지금도 남모르게 웃는다.

　쥐똥나무의 열매가 꼭 쥐똥같이 생겼는데 우린 그때 그 열매 같은 것엔 관심이 없었고 오로지 나무의 가지에만 관심이 있었다.

　우린 이 나무가 5월 무렵에 하얗게 꽃을 피운다든지 잎 모양이 어떻다든지 열매가 어떻다든지 그런 것을 보고 이 나무를 찾아내고 구별하는 것이 아니라 오로지 그 가지만을 보고 식별해 냈다.

　만약 쥐똥나무의 열매가 먹을 수 있는 것이었다면 우리의 관심은 열매에 집중되었을 것이지만 불행히도 이 나무의 열매는 먹을 수 없다.

　쥐똥나무는 야생으로도 흔히 볼 수 있었지만 주로 집 울타리나 밭 울타리에서 볼 수 있었다. 탱자나무처럼 빽빽이 가지를 치기 때문에 생울타리로 적격이었는데 탱자나무와 다른 것은 침이 별로 많지 않다는 것이다.

왜 우리는 쥐똥나무의 가지에 그토록 큰 관심을 가졌는가. 그것은 쥐똥나무 가지만큼 새총 만들기에 적합한 나무가 없었기 때문이다. 우리에겐 쥐똥나무가 단지 새총을 만들기 위해 존재했던 것이다.
  고무 새총의 윗부분, 즉 두 갈래로 벌어진 그런 나뭇가지는 쥐똥나무 외엔 거의 없었다. 천재일우의 기회로 그러한 쌍가지 나무를 찾았다 해도 다른 나무들의 가지는 쥐똥나무처럼 새총을 만들 수 있는 적당한 크기가 아니었다. 쥐똥나무는 어린 시절의 우리 키만큼 컸는데 원 줄기와 가지의 크기가 비슷했다.
  보통 대부분의 나뭇가지는 지그재그로 되어 있다. 그러나 쥐똥나무만은 조물주가 새총 만들라고 그랬는지 양쪽 가지가 똑같이 마주보며 쌍가지를 만들었다. 가끔은 가지 세 개가 같은 높이에서 세 방향으로 뻗어 있는 경우도 있는데 보통 한 가지는 아주 가늘었다.
  그런데 쥐똥나무의 가지가 희귀하게 새총처럼 생겼어도 문제는 많았다. 같은 새총을 만들지라도 정말 근사한 것을 만들고 싶었고, 따라서 아주 마음에 드는 가지와 줄기를 발견하지 않으면 안 되었다.
  마음에 드는 기준은 첫째 쌍가지여야 하고, 둘째 양쪽 가지의 굵기가 같아야 하고, 셋째 위로 뻗은 가운데 원 줄기가 가늘거나 아주 모지라져 버린 것 등이 갖추어져야 근사한 새총이 되었다.
  특히 세 번째 기준인 원 줄기가 갑자기 모지라져서 양쪽 가지만 같은 크기로 굵게 뻗어 난 것을 찾기란 얼마나 어려웠던가. 가지가 그렇게 되려면 우연한 기회에 자라던 원 줄기 위쪽이 병든다든가 누가 잘라 버렸다든가 해서 오랫동안 옆가지만 자라 자연스런 새총 모양이 만들어져야 하는데 그게 어디 그리 쉬운 일인가.
  하여간 늦가을부터 겨울에 이르기까지는 새총 만드는 철이었는데 그러한 쥐똥나무 가지를 찾으러 쥐똥나무 울타리마다 매일 샅샅이 뒤지고 다녔다.

학교 가면서 심부름 가면서 길 가다 오줌 누면서 우리는 쥐똥나무가 아닌데도 그런 새총 모양의 나뭇가지를 발견하기 위해 끊임없는 노력을 기울였다. 간신히 그런 모양의 가지를 얻는다 해도 새총을 근사하게 만들기 위해서는 지난한 어려움이 있었다.

특히 가죽 주머니를 만들어야 하는데 그때 우리에겐 가죽이 귀해서 그 주머니 만들기가 어려웠다. 그래서 가죽이 없는 경우는 헝겊을 이용했는데 그런 경우는 영 김이 샜다.

고무줄도 구하기 어려워서 어머니가 팬티나 내복의 고무줄이 터지면 넣으려고 특별히 시장에서 사다 둔 것을 몰래 훔쳐다 사용하거나, 급할 때는 진짜 팬티 속 고무줄까지 끊어 사용했는데 그럴 때마다 혼이 났다.

그래도 어린 시절엔 그 순간이 제일 중요했다. 그 순간의 결정적인 흥미, 머리가 오싹할 정도로 꽉 차는 재미를 놓치지 않기 위해선 나중엔 혼나는 일이란 잊어버리기 일쑤였던 것이다.

그 쨍한 순간순간의 만들기 재미와 집중된 놀이의 진행을 어찌 잊을 수 있을 것인가.

아무리 훌륭한 쥐똥나무의 쌍가지라 할지라도 옆으로, 또는 45도, 아니면 30도로 경사져 뻗치긴 어려운 것이다.

그래서 우리는 쥐똥나무 가지 중에서 특히 수평으로 뻗은 것을 둥글게 위로 휘게 하고 칡덩굴이나 짚으로 팽팽히 묶은 다음 불에다 살짝 구워 한동안 묶은 채로 두었다. 다시 풀면 원하는 새총 모양이 나오기 때문이다. 그러나 말이 쉽지 이런 일은 어린 우리들에게 매우 어려운 일이었다. 그래도 신경을 곤두세워 어떡하든지 완벽한 모양의 새총을 만들려고 노력했다.

그렇게 만든 새총으로 우리는 떼를 지어 몰려다니면서 개울가나 탱자나무 울타리, 그리고 대나무 밭으로 굴뚝새, 참새 사냥을 해 가는 줄 모르고 다녔다. 한 마리도 잡은 적이 없었지만.

중학생이 될 무렵 단단한 철사나 쇠로 만든 새총을 가게에서 팔았지만 어디 우리가 쥐똥나무로 만든 그 새총에 비길 수 있으랴. 그나마 그런 새총을 가게에서 파는 일조차 까마득히 사라져 버렸지만…….

송기

나는 송기를 소나무 가지쯤으로 생각했는데 무식하게도 자전을 찾아보고 놀랐다. '기'자가 '肌'일 줄은! 살갗, 피부, 껍질을 뜻하는 '肌'자를 보고 그 정확하고 뜻에 맞는 글자의 이름을 이제사 알다니 참 한심하다.

먹을 게 없어 소나무 가지를 꺾어 그 껍질을 벗겨 먹었는데 한자의 짜임으로 보면 진짜 소나무 살을 먹었던 셈이 되니, 이치는 언제나 그 근본이 경이로울 만큼 한 치의 틈도 없이 맞게 되어 있다는 것, 새삼 놀라지 않을 수 없다.

이맘때쯤이면 소나무에도 물이 오르는데 우리는 어렸을 때 물오르는 것을 두고 '꿀올랐다'고 했다. 소나무 속껍질, 진짜 우리의 속살 같은 연하고 하얀 껍질을 벗겨 내면 매끈매끈한 소나무 뼈가 나오는데 거기에선 물이 흘렀고 우린 그 물을 빨아먹었다. 정말 달았다는 기억이 난다. 그것을 달게 빨아먹고 껍질까지 씹었는데 그 연한 껍질 안쪽에도 꿀물이 있어 심심하면 껌처럼 씹다가 삼키기도 했다.

나무하러 갈 때나 소 먹이러 갈 때 야산에 지천으로 있는 소나무를 낫으로 잘라 얼마나 많은 소나무를 상처 냈는지 모른다. 소나무 중에도 줄기가 미끈미끈하고 마디가 긴, 껍질이 두껍고 거친 것이 아닌 놈으로 골랐는데 어떤 소나무는 큰 줄기 가운데를 동그랗게 벗겨 내고 먹었기 때문에 애꿎은 소나무가 죽기도 하고 또는 상처가 심해 며칠 있다가 보면 그 부분이 송진으로 진득하기도 했다.

어떤 때는 소나무 맨 윗부분의 마디(이 부분은 마디가 길고 가늘다)를 모가지 자르듯 댕강 잘라 낫으로 겉껍질만 쓱쓱 벗겨 낸다. 그리고 하모니카 불듯이 이쪽 끝에서 저쪽 끝까지 이빨로 왔다갔다 긁으며 꿀물과 속껍질을 동시에 빨고 뜯어 먹었는데 그런 것을 때론 한꺼번에 두서너 개씩 먹어 치웠다. 다 먹고 나면 앙상한 소나무 뼈만 남는데 꼭 닭다리 뜯어 먹은 것 같았다.

그런데 우리는 그 앙상한 꼬챙이(진짜 하얀 뼈라고 하는 표현이 적절하다)를 가지고 샤머니즘적 믿음에 의해 엄숙히 빌기도 했다. 입으로 주문을 외면서. 예컨대 "이 꼬챙이가 땅에 꽂히면 꿩 알을 줍게 해 주소서."라고 여럿이서 멀리 던져 놓고 우루루 쫓아가서 확인한다. 만약 재수가 좋아서 그 소나무 꼬챙이가 꽂혀 있는 경우는 야호를 외치며 "꿩 알 주우러 가자."고 한 뒤 온 산을 헤맸다.

소나무야 죽든 살든 어릴 때 우리에겐 배고픔이 먼저였기 때문에 소나무가 가엾다는 생각은 별로 하지 않았다. 어른들에게 혼이 나긴 했지만 어른들도 송기를 먹었으니 크게 혼날 일은 못 되었다.

송기뿐만 아니라 소나무에 한하여 우리가 먹은 것으로는 솔밥, 솔순 같은 것이 있었다.

솔밥이란 아직 솔방울이 되지 않은 이른봄의 어린 솔방울이다. 그 어린 솔방울은 촉촉하고 밥알같이 생겼기 때문에 즐겨 따먹으며 솔밥이라 불렀다.

그리고 모든 나무에 새순이 돋듯이 소나무도 가지 끝마다 새순이 돋는데 찔레 순을 꺾어 먹듯이 우리는 그 순을 꺾어 먹었다. 그냥은 못 먹고 껍질을 까서 통째로 씹어 먹었다.

우리는 그렇게 먹는 것과 노는 것이 일체가 되어 산천을 돌아다녔는데 지금 아이들은 부모들이 사 주는 장난감과 아이스크림과 별 이상한 과자 속에서 성장해 가니…….

볏짚

볏짚은 따뜻했다.

형이 입던 교복 바지 떨어진 것이나 아버지가 입던 헌 바지를 내복 대신 속에다 하나 더 껴입던 시절이라 아랫도리에 바람이 썰렁하게 지나갔던 우리들의 겨울, 볏짚은 따뜻했다.

집채만 한 볏짚가리 속에서 볏단을 몇 개씩 빼내고 그 속에 들어가 있으면 볏짚은 이불처럼 따뜻했다.

10월 이맘때쯤 타작을 시작하고 11월 초가 되면 날씨는 쌀쌀해지고, 그 무렵 농촌의 일상사는 볏짚과 함께 시작되었다. 배추며 무며 겨울 갈무리할 것들을 모두 땅 속에다 볏짚과 함께 싸서 파묻으면 겨울은 우리들의 목젖까지 깊어 왔다. 없으면 겨울을 나지 못할 만큼 볏짚은 소중했다. 지금은 시골에도 볏짚을 사용하는 경우가 거의 전무하다시피 되었지만 내 어린 시절의 볏짚은 양식만큼 소중했다.

마당 한 귀퉁이에 커다랗게 쌓아 둔 볏짚가리, 그것은 요즘 같으면 연탄을 수백 장 쌓아 둔 것처럼, 석유를 몇 드럼 쌓아 둔 것처럼 든든하고 훈훈했다. 짚단째로 군불을 때면 우리들의 겨울은 잠시나마 가난을 잊고 잠이 들었다.

볏짚에도 질이 있었다. 좋은 볏짚과 나쁜 볏짚이 있어 용도가 구별되었다. 아무것이나 불을 때지 않았다. 아궁이에 들어가는 볏짚은 병충해가 있어 모지라진 것이나, 아니면 늦게 베어 색이 누렇고 거무스름해진 것, 가

뭉이 들어 키가 크지 못한 것은 질이 좋지 못한 볏짚인데 이런 것은 모두 불쏘시개로 격하되었다.

가장 질이 좋은 볏짚은 바싹 말랐는데도 잎 부분이 아직 푸릇푸릇하니 싱싱하고 키가 길게 쭉 빠진 것이었다. 이런 볏짚은 볏짚가리(사투리로는 짚볏가리)에서 따로 골라내어 소중한 가용으로 썼다.

그 무렵엔 집집마다 가마니를 짰는데 벼농사가 많은 집일수록 많이 짰다. 골짜기의 여섯 집 중에서 그래도 우리집이 벼농사가 많은 편이어서 우리집은 가마니를 많이 짰다. 대부분의 짚이 이 가마니 짜는 데 이용되었다. 아주 못 쓰게 된 것이 아니면 짚은 땔감으로 사용되지 않았다.

가마니를 짜려면 새끼를 꼬아야 하는데 새끼 꼬는 데도 짚이 엄청 들었다. 새끼는 가마니 짜는 데만 쓰인 것이 아니었다. 그 무렵은 모든 끈을 새끼로 대용했기 때문에 새끼는 가정집의 필수품이었다. 나무를 묶는 데는 물론이고 심지어는 화물 부치는 짐까지 전부 새끼를 이용했다. 그래서 새끼는 항상 있어야 했다.

새끼 꼬지 못하는 아이는 농촌 아이가 아니었다. 대여섯 살 때부터 새끼 꼬는 것을 배워 죽을 때까지 새끼를 꼬아야 하는 것이 그 무렵의 농민이었다.

그 무렵 나는 힘들고 강한 일은 잘 못 했어도 새끼는 잘 꼬았다. 손가락이 길어 쓱쓱 비벼 올렸는데 새끼를 꼬아 놓으면 미끈하고 보기도 좋았다. 그래서 나는 겨울이면 아버지 어머니가 가마니 짜는 뒤에 앉아서 새끼 꼬느라 하루해를 보낼 때가 많았다. 새끼 꼬는 일이라면 아주 진저리가 날 정도였다.

그러나 신발이라도 한 켤레 얻어 신으려면, 부모님이 겨울에 현금 몇 백 원이라도 손에 쥐려면(당시 가마니 한 장에 십 원 정도 했다) 죽을둥살둥 가마니를 짜야 했으니 아무리 지겨워도 새끼를 꼬지 않을 수 없었다.

가마니를 짜는 새끼는 가늘고 미끈하게 꼬아야 했다. 새끼가 울퉁불퉁하면 가마니 짜는 새끼로는 부적격이었다. 왜냐하면 가마니틀의 바디(새끼가 들어가는 구멍이 있는 것으로 그 구멍이 손가락 굵기만 했다)에다 새끼를 끼우고 그 마디를 아래위로 오르락내리락해야 하기 때문이다.

무겁게 짚을 눌러 줘야 하는 바디는 아버지가 쥐었다. 아버지 어머니는 이 가마니를 하루 종일, 그리고 밤 깊은 자정 무렵까지 짰다. 나와 동생은 새끼를 꼬다가 졸리면 큰방으로 와서 잤는데 어떤 때 공부라도 오래 하는 날이면 밤늦게까지 가마니 짜는 소리를 들었다. 가마니 짜는 소리는 '자르르 쿵 자르르 쿵' 하고 계속되었다. 새끼와 새끼가 엇갈려 있는 사이로 어머니의 잣대는 한 번도 실수 없이 볏짚을 물고 자르륵자르륵 미끄러져 들어갔다.

바람이 세차게 문풍지를 울리고 마른 감나무 잎이 뒷간으로 구르던 겨울밤, 그 소리는 얼마나 가슴 아프고 괴로웠던가. 아버지 어머니 고생하시던 모습을 생각하며 어린 가슴을 얼마나 조였던가. 그러면서도 새끼 꼬는 일이 왜 그렇게 싫었던지…….

가부좌를 하고 앉거나 옆으로 비스듬히 앉아 새끼를 꼬아 정확히 엉덩이 가운데로 그것을 밀어낸다. 앞에서 싹싹 비벼 올리고 뒤로 뱀 똬리처럼 틀어 쌓는다.

새끼 꼬는 일 이외에도 가마니를 짜려면 가마니 짜는 짚과 새끼 꼬는 짚을 장만해야 하는데 그 짚을 장만하는 게 무척 까다롭고 힘이 들었다. 볏짚가리에서 짚을 골라 짚꺼풀(짚북데기)을 뜯어내고 짚 몸피를 미끈하게 만들어 그것을 다시 짚 한 단 굵기로 묶는다.

가마니 짜는 짚단은 그렇게 아래, 중간, 위로 삼등분하여 묶은 다음 짚의 숨을 죽여 부들부들하게 만들어야 한다. 장만한 짚단을 넓은 반석 위에 올려놓고 울메(떡을 칠 때 쓰는 떡메와 같음)를 세게 두드리는 기분으로 내리친다. 아버지가 이 울메로 짚단을 내리치고 나는 짚단을 붙들어야 한다. 그리고 나는 골고루 숨이 죽도록 짚단을 돌려 주어야 했는데 겨울이라 손은 시리고 아주 고역이라서 이 일 또한 여간 싫어하지 않았다.

가마니 한 장 짜려면 이런 짚단이 서너 단은 든다. 하루 종일 가마니를 짜면 많이 짤 땐 한 죽(열 장) 정도 짜는데 장만해야 하는 짚단은 서른 단 이상이 돼야 하니, 그 짚 장만하는 일 또한 보통 일이 아니었다. 그렇게 장만한 짚단에 다시 물을 뿜어 부서지지 않게 한 다음 마구간 한구석에 얼지 않게 묻어 두고 가마니 짤 때 꺼내 쓰는 것이다.

그런데 쥐가 말썽이었다. 이 쥐들은 볏짚가리를 아주 못 쓰게 할 경우가 많았다. 볏짚 끝에는 타작할 때 덜 떨어낸 벼 이삭이 간혹 있어 쥐들이 그걸 먹으려고 아예 볏짚가리 속에다 집을 짓고 살게 되는 경우가 있다. 이렇게 되면 그 부분의 짚들이 갉아 먹혀 못 쓰게 되는 것이다. 아버지는 이에 대해 몹시 분노했다. 형도 아주 이를 갈았다. 벼 한 톨도 금싸라기처럼 소중히 여기고 짚 한 포기라도 귀하게 여겼던 터라 쥐를 무척 증오했다.

그래서 아버지와 형님은 볏짚가리 옆에서 가만히 귀를 기울이고 있다가 그 속에서 바스락바스락 쥐 소리가 나면 그 부분을 향해 낫으로 콱 찍어 버리는데, 그럴 때면 낫 끝에 쥐가 찍혀 피를 흘리며 버둥거렸다. 지금도 그 모습이 눈에 선하다. 하여간 겨울에 볏짚가리는 쥐들의 서식처로 안성맞춤이어서 쥐들은 그 속에 새끼를 낳아 기르기도 했다. 하지만 나는 쥐가 아무리 미워도 털도 안 난 빨간 새끼 쥐를 아버지나 형이 밟아 죽이는 것을 보고 한없이 불쌍하게 여겼다.

그렇게 가마니가 된 짚은 읍내 장으로 팔러 갔는데 가마니를 팔러 가는 일도 문제였다. 7일장이 서는데 7일 동안 짠 가마니가 보통 대여섯 죽 되었고(적을 때는 석 죽 정도) 그것을 아버지와 어머니, 형, 나, 이렇게 넷이서 지고 가야 했다. 그 무렵 어머니는 젊어서 가마니를 한 죽이나 이고 장에까지 갔다. 아버지는 두 죽이나 두 죽 반, 나는 다섯 장, 형은 두 죽 정도 지고 갔다. 형과 나는 나이 차가 일곱 살이나 되었다.

연일읍까지는 우리집에서 산고개를 하나 넘고 연일평야를 건너야 했는데, 그 무렵을 생각하면 지금도 어깨가 아파 오는 것 같다. 가마니 다섯 장이 어찌 그렇게 무거운지. 그리고 지게가 몸에 맞지 않아 나는 비틀비틀하면서 그 고개를 넘고 연일평야를 건넜다. 연일평야를 건너갈 때 불던 바람은 또 얼마나 세찼던가.

공판장에 갔을 때도 발이 시려 얼마나 고생을 했던가. 군에서 나온 검사원은 또 왜 그렇게 늑장을 부리며 기다리게 하는지. 뿐만 아니다. 쌀이나 보리를 수매하듯이 가마니를 수매하던 군에서는 가마니를 1등품, 2등품, 3등품, 불합격을 매겼는데 그때의 검사원은 하늘 같아 보였다.

검사원은 항상 거만하기 짝이 없었다. 그가 도장을 콱콱 찍어 나갔는데 파란색은 1등, 검은색은 2등, 붉은 색은 불합격이었다. 가마니의 촘촘한 정도, 짚의 색깔, 그리고 마른 정도, 가마니 끝 부분의 매듭 등이 검사의 기준이었다.

불합격을 받지 않으려고 얼마나 가슴 태웠던가. 불합격을 받으면 그렇게 힘들게 지고 온 가마니를 다시 가지고 가야 하니까. 정말 불합격을 받을까봐 얼마나 조마조마했던가. 또 불합격을 받고 나면 검사원을 붙들고 얼마나 사정사정했던가. 검사원에게 애걸복걸하던 당시의 아버지와 어머니의 얼굴이 두 눈에 떠오른다.

수매가 끝나고 순서를 기다려 몇 백 원의 돈을 받을 때면 해가 뉘엿뉘엿

했다. 어쩌다 1등을 받아서 2~3천 원의 돈이 손에 들어오는 날엔 아버지가 얼마나 좋아하셨던지.

짚은 버릴 게 없었다. 짚 한 포기, 지푸라기 하나라도 살림에 보탬이 되었다. 2월이면 짚단 속에 떡과 음식을 넣어 신령님께 올리기도 하고, 깨끗한 것은 잘 추려 제사 때 고기 밑에 깔기도 하고, 대보름엔 짚단째로 불을 붙여 밤하늘을 향해 휘휘 돌리며 논두렁을 달리기도 하고.

우물

 우물이라기보다 샘이었다. 돌을 위로 쌓아 올려 둥글게 만든 공동 우물의 형상을 한 것도 아닌, 팔 짚고 엎드려 물을 마실 수 있는 얕은 우물이었기 때문이다.
 집에서 100미터 정도 논길을 따라가서 도랑을 하나 건너면 감나무 밭 밑에 그 우물이 있었다. 이 우물은 외딴 우리집의 식수는 물론 빨래, 목욕 등 모든 것을 해결해 주는 유일한 물의 원천이었다.
 이맘때쯤이면 무당벌레의 등 빛깔처럼 알록달록 물든 감나무 잎이 우물이나 우물가로 떨어져 우물과 우물로 가는 길을 덮었다. 물이 보이지 않을 만큼 감나무 잎이 떨어져 바가지로 휘휘 저어야 할 정도였다.
 대장균이니 어쩌니 하는 것은 이름도 몰랐거니와 미리 떨어진 감나무 잎 삭은(썩은) 냄새가 나기도 하고 개구리 불쑥불쑥 나오는 우물이었지만, 그 물은 얼마나 귀하고 맛있었던가.
 바가지가 없으면 감나무 잎을 세모 컵 모양으로 접어서 물을 떠 마셨지! 하늘이 계속 높아 추수가 끝나고 논바닥이 딱딱 말라 논길을 질러서 가야 할 때쯤엔 물이 줄어 어머니는 큰 동네(아랫동네)까지 가서 빨래를 해 오곤 했다. 나는 물을 퍼내면 다시 나오는 새 물을 기다려 길어 왔지.
 그래도 계속 비가 오지 않으면 먼 골짜기 주현이네 우물까지 가서 물을 길어 왔는데 물 한 동이로 그날 저녁을 짓고, 연기는 사랑방 굴뚝 위로 올라가고, 가기 싫었지만 내일 아침을 위해 물 한 동이 더 길어 오고, 아침

일찍 우리 우물에 가면 또 두 동이쯤 물이 고여 있고…….

국민학교 4학년쯤이었는지 6학년쯤이었는지 또렷한 기억은 잘 나지 않지만 그 무렵엔 독으로 된 물동이 대신 양철 물동이가 나와 얼마나 편했던가. 중학교 무렵에는 고무 양동이가 나와 더 좋아졌다. 부딪히거나 떨어져도 물만 쏟아지고 깨지지 않던 고무 양동이의 고마움이여.

어머니가 이고 다니던 물동이는 양쪽 귀에 손잡이가 달렸는데 매우 무겁고 미끄러웠다. 양철 물동이가 나오자 그것은 콩나물 기르는 시루로 썼다. 양철 물동이는 얼마나 가벼웠던가. 나는 그 양철 물동이에 물을 반쯤 담아 길어 오곤 했는데 그것도 무거워서 몇 발자국 오다가 쉬고 오다가 쉬고. 그래도 안 되면 나는 어머니의 짚 똬리를 머리에 얹어 양철 물동이를 이고 올 때도 있었다. 지금도 머리에 무얼 이고 다니라면 도회지 여자보다 못할 것 없으리라.

이 양철 물동이는 대두 한 말 정도 담을 수 있는 크기라서 물을 길어 오지 않을 경우엔 가을철에 잡곡을 담아 두는 역할도 했는데 대체로 물이 샐 경우에 그렇게 용도가 변경되었다. 독 항아리보다 약점이 되는 것은 바로 오래 못 가서 물이 샌다는 것이었다.

지금도 약골이고 팔심이 없지만 물 길어 오는 게 여간 싫은 게 아니었다. 원래 나는 체육 시간이 제일 싫었다. 턱걸이와 팔굽혀펴기, 뜀틀넘기, 덤블링 같은 것이 아주 질색이었다. 해 저물어 들녘에서 돌아오시는 어머니를 위해 부엌 큰 물독에 물을 채워 놓아야 했는데 동생과 물긷기의 꾀부리기로 얼마나 싸웠던가.

바가지로 물동이에 물을 퍼 담다가도 문득 마주치는 감나무 홍시를 보면 나는 물긷는 것도 다 잊고 감나무 위로 쪼르르 달려가 오르곤 했다. 힘도 없는 게 나무 위에 올라가는 재주는 큰 동네 애들까지 알아줬다. 감 홍시

따먹느라 시간 가는 줄 모르다가 해가 저물면 어머니한테 욕먹었는데 어머니는 들녘의 일이 힘드셨기 때문에 욕을 많이 했다.
"이 소상, 저 소상, 밥도 처먹지 마라. 당장 학교 가지 마라."
우리 어머니는 늘 그랬다. 또한 어머니는 물 한번 실컷 마음대로 써 보면 소원이 없겠다고 했다. 우물이라고는 어린 내 키만 한 것 하나 있었으니 여름철 비가 많이 와서 개울(도랑)물이 흔할 때 빼고는 늘 물고생을 해야 했다. 그 우물이라는 것이 집안 가까이 있는 것도 아니고 할머니 할아버지의 흰 옷 빨래만 해도 얼마나 물이 많이 들었겠는가.
요즘 목욕탕에 가면 나는 마음이 칼날에 베이는 것처럼 아프다. 콸콸 쏟아지는 물, 물, 물. 아낄 줄 모르고 때를 미는 동안 그냥 수도꼭지나 샤워기를 틀어 놓고 있는 사람, 잠가 놓았다가 면도 끝내고 다시 틀어 씻으면 될 걸 계속 물을 흘려보내는 사람……. 마음이 여려서 쫓아가 잠그려면 '잘 났어' 하는 눈총부터 받으니…….
생각난다. 봉화의 전우익 선생님 말씀. "물 아낄 줄 모르는 사람들의 세상. 민주주의가 될 턱이 없다. 감옥에 있을 때는 오줌도 받아 마셨는데……." 하시던 말씀.
겨울이 온 뒤 길이 미끄러워지고 얼음이 꽝꽝 얼면 물은 더 귀해졌다. 우물의 물이 10~20센티미터까지 얼어서 도끼로 얼음을 깨고(바가지 하나 크기만큼) 물을 길어 오는데 한 번에 세 동이 정도 길어 왔다. 그러니 세수나 여타의 쇠죽 끓일 물 등은 모두 냇물을 깨고 그걸 퍼 와서 썼다. 물론 그것도 흔하지 않았다.
물을 데울 때는 솥뚜껑을 이용했다. 어머니는 밥이 다 되면 솥뚜껑을 뒤집어 그 위에 물을 부어 데웠는데 그렇게 데운 물을 한 바가지 정도 주면 우리는 그 물에 도랑물을 타서 세수했다. 아버지도 쇠죽솥 뚜껑에 물을 데워 쓰셨다.
  바람은 불고 손은 얼어붙고 물동이에서 물은 잴금잴금 어깨 위로 넘쳐흐르고, 그러면 어머니는 한 손으로 물동이 잡고 한 손으론 물을 돌려 뿌려내면서 잰걸음으로 걸어오셨지. 그 모습이 두 눈에 선하다.

성냥개비

먹고사는 데 성냥개비는 밥과 물처럼 소중했다. 성냥개비가 없으면 가난한 집은 정말 가난의 최후가 온 것처럼 온 집안의 분위기가 긴장되고 신경이 날카로워졌다.

어머니는 공연히 화를 내고 짜증을 내며 사소한 일 가지고도 우리들에게 소리를 빽 지르고 역증을 내셨다. 죽은 끓여야 되고 찬도 없는 데다 성냥개비마저 없어서 불을 지피지 못할 때, 그만 참았던 가난에 대한 화풀이가 그렇게 나왔던 것이리라.

가령, 모내기를 하거나 종일 콩밭을 매고 어둑어둑해서 돌아와 보니 성냥통에 성냥개비가 한두 개 정도 남았고 그것을 조심스럽게 켜서 부엌 아궁이 짚단이나 갈비(솔가리)에다 불을 붙였는데 모두 실패했다고 생각해 보라.

우리집은 외딴집이어서 이웃이 몇 백미터씩 뚝뚝 떨어져 있었는데 성냥을 빌리러 갈 생각을 해 보라. 그리고 얼마나 못살면 성냥마저 없어 꾸러 다녀야 할까 하는 데까지 생각이 미쳤다고 상상해 보라. 울화통이 저절로 치밀어 오를 것은 당연한 일이다.

성냥개비를 성냥 껍질에 그을 때는 초긴장 상태다. 한두 개 남은 성냥을 그을 때의 그 심정은 상처 난 살에 바늘 끝이라도 닿는 그런 심리 상태였으리라.

거기다가 비가 와서 성냥 껍질이 습기로 눅눅해져 있다거나 성냥곽이 오래돼서 닳아 미끌거리며 불빛만 반짝하고 애간장만 태웠다거나 할 경우를 생각해 보라. 밥솥에 밥은 안쳐 놓고…….

　성냥불이 켜지지 않고 실패했을 경우, "이놈의 집구석, 이놈의 집구석. 아이구 내 못산다, 못살아……." 하는 어머니의 짜증은 쇳소리가 되어 터져 나오고 우리는 기가 죽어 눈치를 보며 어디 외양간이나 깜깜한 방구석에 숨는다. 그러면 어머니는 "야, 이노무 종내기들아! 좀 일찍일찍 와서 성냥이 있는지 없는지 그것도 안 보고 뭐 했나. 발 씻거라. 옷에 그 흙은 뭐고?" 등등 우리에게 화살을 돌리며 화를 내셨다. 실은 아버지 들으라는 것이었지만.

닭알

　아침에 나는 밥을 일찍 먹어야 했다. 다른 사람이 먼저 밖으로 나가기 전에 내가 제일 먼저 밖으로 나가야 했다. 다른 사람이 밥을 반쯤 먹었을 때 나는 이미 밖에 나와 암탉이 알을 낳는 둥지로 가야 했다. 동생이 나와선 안 되었다. 들키면 큰일이기 때문이다.

　어릴 때 동생과 나는, 그 나이 또래에 다 그렇지만 형제의 의리보다 자기의 이익이 우선이기 때문에 무슨 일이든 자기가 저지른 일이 아니란 걸 밝히기 위해 서로 고자질을 했다. 그것이 자기를 돋보일 수 있게 하는, 이익이 돌아오게 하는 수단이 될 수밖에 없었다.

　만약에 내가 둥지에서 닭알 훔치는 것을 동생이 본다면 어김없이 아버지 어머니에게 일러바칠 것이고 동생은 닭알이 없어지는 것이 앞으로도 자기 책임이 아니라는 걸 확인시킬 수 있는 이점을 얻게 될 것이었다.

　때문에 나는 서둘러 학교에 가야 되는 것처럼 밥을 급히 먹고 후다닥 허둥대면서 책보를 들고 방문을 나서곤 했다. 아직 다른 식구들이 밥을 먹는 동안 나는 슬그머니 건넌방 쪽을 돌아 장작과 볏가리와 도끼, 갈쿠리, 톱 등이 들어 있는 헛간으로 갔다. 둥지는 헛간 벽에 매달려 있었다. 내 키보다 높이 매달아 놓았기 때문에 나는 나뭇짐이나 짚단 등을 발밑에 놓고 까치발로 둥지 안을 들여다보아야 닭알을 훔칠 수 있었다.

　문제는 항상 있었다. 들킬 염려가 머리를 스쳐 가는 것이다. 어머니는 암탉이 알을 낳는 수와 시간을 거의 알고 있어 자칫하면 들통이 날 수 있었다. 따라서 나쁜 머리로 제법 생각을 많이 해야 했다. 두 마리가 알을 낳는 시간에, 그것도 어머니가 모르는 아침에 감쪽같이 하나를 훔쳐내야 했다.

  알은 싸늘하다. 아마 어제 낳은 것인데 어머니가 잊어버리고 그냥 지나쳤으리라. 간이 조마조마하고 심장이 쿵쿵하는데 알을 꺼내 교복 윗도리 바깥 주머니에 넣는다. 그리고 발소리를 죽이고 사립문을 나선다. 무슨 소리가 나면 방에서 아버지가 "자가, 아까 나가더니 여태 뭐 하고 인자 가노?" 하고 문을 열 것이기 때문이다. 우물이 있는 길가쯤까지 오면 '발아, 날 살려라' 하고 내달렸다.

  나는 왜 이렇게 아슬아슬하게 달걀을 훔쳐야 했는가. 결코 내가 먹기 위해서는 아니었다. 그럼 누구 가난한 옆 짝이라도 주려고? 가난으로 말할 것 같으면 나도 꼴찌에서 몇 번째 갔으니 그것도 아니었다.

  나는 그때 빚진 죄인이었다. 국민학교 2학년이었는지 3학년이었는지 4학년이었는지 불명확한데 아마 그 무렵부터였다. 후일의 일이지만 고등학교 때는 빚 때문에 쌀을 훔쳐 가서 시장에 팔기도 했다. 빚이란 무엇인가? 달걀을 훔쳐 나올 무렵의 빚이란 구슬치기해서 진 구슬 값이었다.

  나는 지금이나 그때나 약골이고 마음도 약했기 때문에 겁이 많았다. 구슬치기, 즉 벽에다 구슬을 탁 쳐서 다른 친구의 구슬보다 멀리 가면 구슬을 따먹게 되는 게임(일종의 야바위 또는 도박)이었는데 나는 번번이 지는 경우가 많았다. 구슬치기 종류에는 이외에도 눈으로 맞추기, 여러 개 놓고 멀리서 던져 튀어 나가는 것 먹기 등이 있었다.

  나는 구슬치기에서 따는 경우가 거의 없었고 그렇다 해서 하고 싶은 구슬치기를 하지 않을 수도 없고 해서 나는 허종하라는 아이(지금도 이름을 생생히 기억할 만큼 나를 잘 때렸고 나는 녀석을 몹시 무서워했다)에게 구슬을 자주

빌렸는데 그 녀석은 그것을 돈으로 합산해서 달라고 했다.

구슬 값을 내일 당장 안 주면 이자가 얼마씩 붙는데 그렇게 해서 나는 많은 빚을 지게 되었다. 내가 그 녀석보다 힘이 세다면 "짜아식, 안 줘." 해도 되는데 나는 마음 약해서 얻어터질까 봐 늘 갚으려고 노력했다. 그때는 1원 주면 구슬이 다섯 개였나 열 개였나 그랬는데 나는 늘 7원이나 8원 정도 빚을 지곤 했다.

하여간 나는 허종하라는 그 녀석에게 돈과 구슬을 갚기 위해 오만 궁리를 다 하다가 일단 달걀을 훔치기로 했던 것이다. 그 당시 달걀 하나 값이 7~8원 했으니 그것 하나면 빚을 갚을 수 있었기 때문이다.

마음이 급한 날엔 달걀을 훔쳐서 윗옷 주머니에 넣고 막 달리다가 그만 달걀이 깨져서 저고리 한쪽 주머니 전체가 아무리 씻고 닦아도 번질거리던 그때 얼마나 부끄러웠던가. 1년 내내 가도 생신이나 큰일이 없는 한 먹어 보지 못하는 달걀을 깼을 때의 그 참혹한 심정이란.

달걀은 깨지고 그날 학교 가서 허종하에게 빚 못 갚아서 얻어맞고……. 나는 그렇게 바보처럼 허약하게 겁쟁이가 되어 어린 날들을 보냈다.

엊그제는(해직교사 단결 투쟁 때) 경찰서에 가서 신분을 안 밝힌다고 지문을 찍으라고 할 때 엄지손가락을 내 이빨로 깨물어 피를 냈는데, 돌아보면 내 어린 날들은 어쩌면 그렇게 유약했는지…….

요즘은 콜레스테롤인지 뭔지 발음도 정확히 모르는 것이 달걀노른자에 많다는 세월이 다 오고…….

벌 1

내 유년의 기억은 배고픔의 추억에서 출발하여 배고픔으로 끝나는가.
어린 시절 우리는 고무신을 벗어서 벌을 잡았다. 엉겅퀴꽃, 할미꽃, 호박꽃 등에 앉아 꿀을 빠는 궁뎅이 큰 벌은 굴뚝벌이라고도 부르고 호박벌이라고도 불렀다. 초여름부터 여름 내내 쇠꼴을 뜯으러 다니던 그때 얼마나 심심했던가. 멀리 저수지의 물은 만수로 가득한데 아버지는 영일만 들판에서 벼 포기 사이에 엎드려 김을 매었다. 그 들판을 바라보며 나는 벌을 잡았다.
내 무릎까지 오는 엉겅퀴꽃, 그 꽃을 물고 대롱대롱 매달려 꿀을 빠는 왕벌(호박벌이었든지 굴뚝벌이었든지)을 발견하고 나는 검정 고무신 한 짝을 벗어 들었다. 긴장하면서 고양이처럼 살금살금 접근해 열심히 꿀을 빠는 벌 뒤에서 번개같이 고무신으로 홱 휘둘러 챘다. 어린 시절 이런 경험이 있는 사람은 구체적으로 표현을 하지 않더라도 고무신으로 벌 잡은 방법이 눈에 선하리라.
고무신 뒤축 부분을 잡고 빠른 동작으로 홱 잡아채면 홈이 파인 부분이나 발가락이 들어가는 부분으로 순식간에 벌이 들어간다. 자칫 실패할 때도 있다. 각도가 맞지 않았거나 벌이 미리 눈치 채고 고무신보다 간발의 차이로 먼저 날아가 버릴 경우이다. 이때 벌이 고무신 속으로 들어갔다고 하더라도 동작을 정지하면 큰일이다. 벌이 들어갔든 말든 일단 홱 낚아챘으면 이것저것 생각할 것도 없이 무조건 정신없이 고무신을 윙윙 소리가 나도록 돌려야 한다. 운동회 때 커브를 돌 때 빙빙 한 팔을 돌리면서 달리던 것처럼, 새끼줄 끝에 추를 묶어 빙빙 돌릴 때처럼, 귀에 바람이 나도록 젖 먹던 힘까지 다 내서 돌려야 한다.

그렇게 정신없이 고무신을 돌리는 중에도 손에 어떤 감이 전해 온다. 이때는 벌에 쏘일까 무섭기도 하고 벌을 잡는다는 흥분이 겹쳐 머리가 쭈뼛쭈뼛해지고 심장이 쾅쾅 뛴다. 벌이 고무신 속에 들어 있을 때는 신발 속에서 잉잉거리는 떨림이 손끝에 전해져 온다.

고무신을 돌리면서 무조건 앞만 보고 달리다가 이쯤이면 벌이 기절했겠지 하는 생각이 드는데 그 순간 힘껏 고무신을 땅바닥에 탁! 내리친다. 그러면 고무신 속의 큰 벌이 실신해 있기도 하고 죽어 있기도 하고 발과 몸을 바르르 떨고 있기도 하다. 그러면서 놈은 뒤꽁무니에서 크고 긴 독침을 삐죽삐죽 내민다. 죽은 놈은 침이 나왔다 들어갔다 하지 않고 그냥 삐죽 나와 있다.

어릴 땐 왜 그렇게 잔인했는지 모르겠다. 어린아이들이 무서운 줄 모르고 손으로 아무 벌레나 짓이겨 버리듯이, 고양이나 강아지를 보고도 무서운 줄 모르고 그냥 모가지나 머리를 짓누르듯이 나도 그렇게 잔인했다. 무서운 것과 더러운 것 등이 구별 안 되던 시절이었다. 그 실신한 벌을 나는 허리 부분에서 이등분했다. 꿀을 빼내기 위해 벌의 가슴 부분과 아랫배 부분(뒤꽁무니)을 두 손으로 따로 잡고 기술적으로 하면 어떤 촉감이 느껴지면서 배 부분에서 물고기의 공기 주머니 부레같이 생긴 꿀주머니가 딸려 나왔다.

이것은 우리들의 오랜 벌 잡기 기술로 터득된 것인데 보통 기술이 아니다. 조금만 힘을 더 주어도 꿀주머니에 연결된 힘줄 같은 게 끊어져 꿀주머니가 뱃속에 그냥 남게 되어 꿀주머니 꺼내는 데 애를 먹게 된다. 벌침에 쏘이지 않게 조심하면서 꿀주머니를 꺼내는 기술은 지금 생각해도 아슬아슬하다.

그런데 가끔 꿀주머니가 터져 있는 경우가 있다. 이것은 고무신을 땅바닥에 내리칠 때 내리치는 힘의 조절을 잘못했기 때문이다. 대개 죽어 버린 벌의 경우가 그러했다. 그러니 고무신 내리치는 동작 하나하나가 어떤 감으로 딱 맞아떨어져야 했다. 너무 세게 내리치면 죽어 버린다. 또 약하게 내리치면 고무신 속에서 벌이 살아 날개를 퍼득이는데, 이런 경우는 다시 몇 바퀴 고무신을 더 돌린다. 하여간 적당한 순간에 고무신을 내리쳐야 하고 적당한 순간에 몸통을 당겨 꿀주머니를 빼내야 하고……. 신기에 가까운 그 일들을 우리는 거의 열에 여덟은 해내었다.

그렇게 빼내서 먹은 꿀은 그야말로 원액 그대로의 꿀이었는데 달기도 하였지만 비릿하기도 했다.

털복숭이 다리와 털복숭이 머리와 털복숭이 가슴을 가진 호박벌이여!

어린 시절 무서움을 모르던 철부지의 잔인함을 지금 와서 무엇으로 보상할 것인가.

아버지 어머니는 그런 꿀을 많이 먹으면 힘이 세진다고까지 했으니…….

벌 2

땅벌!

"구무(구멍)불에 살찐다. 구무불에 살찐다."라고 주문 외듯이 손뼉을 치며, 또는 발로 동동 구르며, 또는 덩기덩기 엉덩이까지 흔들며, 빙빙 땅벌 구멍의 주위를 돌면서 노래처럼 우린 계속 소리소리를 질러댔다.

흥분된 얼굴, 머리가 쭈뼛쭈뼛해지는 무서움에 질린 표정으로, 그러면서도 바짝 흥미가 최고조에 달한 상태로 우린 땅벌 구멍 주위에서 그렇게 신명이 나서 방방 뛰고 고함지르고 연기에 눈물을 흘려댔다.

땅벌 구멍은 보통 낮은 산 언덕바지나 무덤 잔디 주위, 또는 억새풀이나 쐐기풀이 있는 언덕배기에 많이 있었다.

왜 우리는 그때 벌 구멍에 불을 질러 놓고 살찐다고 했을까? 무슨 까닭이 있었을 텐데 기억이 잘 나지 않는다. 지금 기억으론 우린 그때 불 옆에 가면 살찐다는 말을 자주 했던 것 같다.

겨울 논바닥에 짚불을 놓고 그 주위에 모여서도 우린 "어, 살찐다."라고 했으며, 어른들도 그랬다. 쥐불놀이를 하면서도 논두렁이나 밭두렁에 불을 놓으면서도 쇠죽솥 아궁이의 장작불이 활활 힘차게 탈 때도 "어, 살찐다."라는 말을 했는데 왜 그랬는지는 지금도 분명히 알 수 없다.

다만 희미한 기억으로, 아니면 지금 이성적이고 과학적으로 생각해 보면 아마도 추위에 떨던 우리는 따뜻함이 그리웠고, 또 불이 좋으면 언제나 먹을 것이 익기 때문이 아니었는가 짐작된다.

그 시절엔 불이 귀중했다. 성냥개비 하나가 얼마나 귀중했던가. 어머니는 성냥개비 한 개라도 헛되게 쓰면 무섭게 혼내셨다. 성냥불을 켤 때 혹 실수하여 성냥개비를 허비할까, 또는 바람에 꺼질까 얼마나 주의했던가. 딸깍 하고 틀면 나오는 가스레인지 불, 찰각 하면 켜지는 라이터 등 불과 연료가 많아진 요즈음이지만 그때는 오로지 성냥으로만 불을 켰으니······.

그리고 땔감이라고는 모두가 나무였는데 짚이나 곡식 줄기 같은 것은 거의 다른 실용 목적으로 쓰였다. 나무가 귀했으니 불을 마음껏 활활 오래 때면 본능적으로 우리는 부자인 양 싶었던 것이다.

아아, 성냥개비 하나가 없어서 온밤을 까맣게 어둠으로 보낼 때도 있었으니······. 성냥개비 하나를 이웃에 꾸러 갈 때도 허다히 있었으니······.

불이 흔하면 먹을 것도 흔해지는 것 아닌가.

불이 흔하지 않아, 불감이 귀해 오돌오돌 떨기는 얼마나 했던가. 군불 땔 나무도 아끼고 아꼈으니 불이 활활 타는 옆에 가면 어찌 살찐다는 말이 나오지 않았으랴. 짐작컨대 나의 이 생각이 맞으리라.

이야기를 다시 처음의 본 주제로 돌아가자. 땅벌은 우리들에게 공포의 대상이기도 했지만 우리들의 호기심과 신나는 모험심을 충족시키는 가장 기막힌 놀이의 하나이기도 했다. 왜냐하면 우린 거의 실제로 전쟁을 한다고 생각했으니까.

땅벌은 헤아릴 수 없이 많은 집단을 이루고 있었다. 땅벌의 집(굴)은 우연히 발견되기가 일쑤였다. 예컨대 소 풀 뜯기러 갔다가 소가 발을 잘못 디뎌 땅벌의 집이 있는 언덕배기 흙을 무너뜨리거나 나무를 하다가 낫으로 건드리거나 하여 발견되는 경우이다.

소가 벌집을 건드렸을 경우, 떼 지어 몰려드는 벌이 갑자기 소의 이곳저곳을 마구 쏘아 대므로 소는 무섭게 펄쩍펄쩍 뛰며 무방향으로 내닫는다.

그러면 우리는 일제히 땅에 엎드리는데, 우리 위로 벌떼가 새까맣게 소의 뒤를 따라 몰려가곤 했다. 이럴 때 간혹 소를 잃어버리기도 한다.

우리는 소를 찾기 위해 소의 뒤를 따라 달려가는데 벌은 소를 쫓아가다가 목표를 잃어버리면 우리들에게 달려들었다. 숨고 엎드리고 해도 어느새 몇 마리가 우리의 이마, 목덜미, 심지어는 소매 속, 옷 속에까지 파고들어 와 쏘기도 했다.

벌 중에 가장 단결력이 강하고 끈질기게 목표를 따라 붙는 벌이 바로 땅벌이다. 땡삐(불분명하다. 어린 시절 기억으로는 땡삐는 좀 길고 가는 벌이고 땅벌에 버금가는 지독한 벌이었던 걸로 기억한다. 덩굴이나 나뭇가지에 집을 매달고 있어서 그 집을 잘못 건드렸다가 줄행랑을 놓아도 어느새 잔등을 쏘아 대는 독한 벌의 한 종류가 있었던 것 같은데……)라고도 하는데 벌 중에 가장 집요하고 지독하지 않은가 싶다. 어떤 때는 집까지 도망쳐 오는데 몇 놈이 끝까지 따라오는 경우도 있었다. 나는 실제로 그렇게 집까지 따라온 땅벌에 쏘인 일도 있다.

때문에 어린 우리는 땅벌에 대한 원한과 복수심에 강렬히 불탔다. 땅벌을 가장 괘씸하게 생각했고 언젠가 단단히 복수하여 주리라고 마음먹었던 것이다.

우리는 땅벌의 집을 알아낸 이상 그 벌집을 아주 쑥대밭이나 폐허로 만들어 버려야 직성이 풀렸다. 땅벌의 집을 공격할 때는 아주 거삿날을 정하고 치밀한 준비를 했다. 맑은 날은 벌들의 날개가 아주 힘 있기 때문에 날씨는 아주 맑은 날보다 적당히 이슬비가 오는 그런 날을 택한다. 그래야 벌의 날개가 젖어 힘이 약해진다.

그리고 우리는 완전 무장을 했다. 얼굴, 목, 팔, 다리 등 겉으로 드러난 맨살을 철저히 가리는데 이렇게 가려도 땅벌의 침은 뚫고 들어온다. 달아나기 위해 신발도 새끼줄로 단단히 발등과 함께 묶었다. 그 다음에 짚단을 긴 대나무 끝에 묶어서 들고 갔다.

땅벌의 집, 즉 땅굴이 있는 곳에 가까이 오면 엎드려서 동태를 파악하는데 땅벌의 집 주위엔 항상 보초를 서는 땅벌 파수꾼 몇 마리가 주위를 빙빙 돌고 일을 해오는 벌들은 집으로 소리 없이 들어간다.

비가 오는 날은 보초를 서는 땅벌들이 숫자가 적을 때도 있고 아주 없을 때도 있는데 이럴 땐 땅집의 위치를 정확히 알아내기 힘들어 애를 먹는다. 왜냐하면 위험을 무릅쓰고 땅집을 찾아내야 하기 때문이다.

우리들 중 용감하고 지혜 있고 발이 빠른 동무 하나가 집을 정확히 알아낸 다음, 가지고 간 대나무 끝의 짚에 불을 붙이고 벌집 구멍에다 그것을 쑤셔 넣는다. 그것을 신호로 우리도 와아 함성을 지르며 제각기 자기가 가지고 간 불쏘시개를 한꺼번에 태우는데, 이때 연기가 자욱해지면 벌집 속의 벌들이 연기를 참지 못하고 꾸역꾸역 몰려나온다. 나오면서 불에 타 죽는 놈도 있지만 많은 숫자가 살아서 날아오기 때문에 우리는 1차 공격을 그렇게 해 놓곤 삼십육계를 놓아 멀리 땅바닥에 엎드려 동태를 살핀다.

이미 전의를 상실한 땅벌들은 집 주위를 뱅뱅 돌다가 어디론가 자기들을 공격한 대상을 찾아 날아간다. 그 후 한참 지나서 불이 다 꺼질 때쯤 되면 벌들도 날지 않고 잠잠한데, 우리는 그때쯤 숨어 있던 곳에서 일어나 아직 타고 있는 불을 향해 "구무부레 살찐다." 하면서 함성을 질렀다.

그래도 벌이 아직 벌집 속에 있을 것 같아 가까이는 가지 못하고 1차 공격을 끝내고 돌아갔다가 그 다음날 다시 와 보는데……. 와아 지독했다. 몇 마리의 벌들이 불탄 자기들 집 주위를 빙빙 돌고 있지 않은가.

그렇게 땅벌은 다시 집을 복구하고 살기도 하는데 그러면 우리는 2차로 거사하여 아주 씨를 말려 버리려고 삽을 가지고 가서 벌집 구멍을 송두리째 파헤쳐 버리기 일쑤였다.

이렇게 땅벌은 우리를 괴롭힌 만큼 우리의 원한을 샀고 복수를 당했다. 눈탱이 주위를 쏘여 한 달 가까이 고생한 적도 있던 우리였으니까.

그렇게 자연을 파괴하면서도 오히려 거기서 우리는 많은 것을 배우게 되었다.

땅벌이나 굴뚝벌, 대추벌 등 벌과 함께 그렇게 지냈던 어린 시절 그 동무들, 그중 가장 용감했던 길수와 호야 같은 애들은 지금쯤 다 무얼 할까?

노루

우리집 뒷산에서 앞산으로 노루가 뛰어갔다. 엽총 소리가 골짜기를 쩌르릉 울렸다. 산이 쫙쫙 몇 번씩 갈라지는 소리가 났다. 뒷산에서 달려 내려오던 노루가 도랑에 콱 처박혔다가 버드득거리면서 다시 앞산을 향해 쏜살같이 올라갔다. 노루나 토끼는 뒷다리가 유난히 길기 때문에 올라가는 것은 잘하지만 급히 내려올 땐 곤두박질치기가 일쑤였다.

엽총의 총알 껍데기는 직경이 피리 크기만 했다. 길이는 보통 대나무 한 마디의 2분의 1 정도였다. 그 무렵 1960년대 중반엔 수렵 금지나 뭐 그런 법이 없었던지 사냥꾼이 자주 나타났다. 엽총알 껍데기는 재생한다고 사냥꾼이 주워 갔다. 우린 엄청 가지고 싶었지만.

지금 생각하면 그림책에 나오는 차림을 한 그런 사냥꾼이었던 것 같다. 『토지』에 나오는 강 포수 같은 그런 사냥꾼이었다. 사냥개를 두 마리씩 데리고 나타난 포수는 그 무렵 우리들의 우상이었다. 위대한 우상이었다. 그러나 지금은 엄청나게 무서운 인상과 이미지로 남아 있다.

총알을 탄띠로 해서 가슴에 사선으로 차고, 허리에 잿빛 털의 산토끼와 까투리, 장꿩을 매달고 시뻘건 혀를 헐떡이는 하얀 얼룩 반점이 있는 사냥개를 내달리게 하며 마을 뒷산 콩밭머리를 올라가던 포수. 진짜 만화에 나오는 포수와 똑같았다.

어떤 땐 그런 포수가 두 명이나 한꺼번에 나타나기도 하고, 머리가 노랗고 눈이 파란 양키와 같이 오기도 했다. 우리 어머니는 그 양키의 말을 흉내 냈는데 쏼라쏼라 칠라팔라 하더라고 했다.
 하여간 그런 포수가 나타나는 날, 우리들의 눈은 경이로움으로 찬란하게 반짝여서 도무지 지칠 줄 모르고 그들을 쳐다보며 뒤를 따라다녔다.
 가슴은 바짝 긴장되어 입술이 마르고 침이 말랐으며 숨소리조차 새근새근했다.
 그들이 날아가는 꿩을 향해 엽총을 쏘면 닭과 병아리들은 울타리 밑으로 머리를 처박았고 황소는 누웠다가 벌떡 일어났다. 그 총소리의 메아리는 지금도 가슴에 물결처럼 남아 있다.
 군대에서 쏘았던 엠 원 소총, 엠 십육 소총이나 예비군 사격 시에 쏘았던 카빈의 그 총소리와는 너무나 확연히 구별되는 출렁거림이었다.
 그 놀라움과 무서움, 숨막힐 듯한 어떤 긴장 속에서도 우리들 가슴 밑바닥엔 정말 형언할 길 없는 엄청난 환희가 넘쳐 나왔다.
 짐승들이 죽는 데 대해 평소엔 그렇게 불쌍해 했으면서도(나는 중학교 때까지도 집에서 잡은 닭을 먹지 않았다) 포수들이 쏘아서 잡은 꿩이나 토끼에 대해선 전율하는 호기심으로 지켜보았다. 명중해서 꿩이 떨어지길, 뭐라도 한 마리 잡히길 우리는 속으로 얼마나 바랐던가. 도대체 그 샘물처럼 솟아오르던 환희는 무엇이었던가. 겁이 나고 공포로 머리끝이 쭈뼛쭈뼛하면서도 혹시나 포수들의 뒤를 놓칠까 봐 허겁지겁 온통 다리가 긁히면서 산비탈에 미끄러져 엉덩방아를 찧으면서 따라가던 그 심리 상태……. 불이 난 것을 보면 공포에 휩싸이지만 한편 속에서는 끓어오르는 어떤 희열 같은 것을 느꼈던 것처럼 그 이상한 심리 상태가 이때도 계속되었던 것이다.
 어린 가슴에 일어나던 그 이율배반적인 감정은 보편적인 것인가. 아니면 내 속에서만 일어나는 것인가. 나는 지금도 도처에서 그런 이율배반적인 심리 상태를 계속 체험하고 있다.

우리집에서 얼마나 떨어져 버렸는지 우리 마을에서 얼마나 멀리 와 버렸는지 모르면서 우리들은 포수들의 뒤를 줄기차게 따라다녔다.

뒷다리를 맞았는지 어디 옆구리를 맞았는지 빗맞은 노루의 핏자국을 따라 골짜기를 돌고 돌아 이웃 마을을 넘고 다시 산을 넘으면서까지 우리는 포수들의 뒤를 따라갔다.

개미 한 마리, 풀무치 한 마리 죽이지 못했으면서 피를 흘리며 도망가는 노루는 왜 그토록 잡히길 원했을까. 왜 그토록 피를 흘리며 쓰러져 죽은 노루를 보고 싶어했을까. 야생의 짐승이 잡히면 왜 그렇게 온몸이 짜릿하도록 흥분을 했을까. 낚시로 고기를 낚을 때의 흥분 뒤에 다시 고기를 놓아 주던 기억이 나지만 노루가 잡히길 바라던 흥분과는 상대가 되지 않을 것이다.

지금 뒷다리를 맞아 산을 두 개나 넘고 골짜기에서 쓰러진 노루를 잡아 포수들이 둘러메고 가던 기억이 겨우 날 뿐이다. 그때 그 노루의 모습은 지금 희미하다.

그리고 노루 고기를 먹어 본 것은 그 뒤 몇 년 후라고 생각된다. 우리집 건너편 길수네가 아랫동네로 이사 가고 그 집에 외득이 형네가 이사 온 후일 것이다. 젊은 외득이 아버지가 먼 산에 노루목을 놓아 잡아서 지게에 지고 온 노루 고기를 실컷 먹었던 기억이 난다. 약간 노린내가 나는 노루 고기를 얼마나 구수하게 먹었던가. 아버지 어머니는 노루 고기를 먹으면 재수 없다고 하셨지만······.

꿩

꿩 울음은 슬프다.

까투리 울음보다 장끼의 울음이 더 슬프다. 시간을 맞추어서 우는 장닭의 울음은 무슨 신명 같은 것이 있고 미래를 예견하는 듯한 길고 탁청한 소리로 들리지만 장끼의 울음은 쫓기듯 끊어질 듯 이어지는 그런 울음이다.

문자로, 의성어로, 그 소리를 여기 지면에다 흉내를 내지 못하겠다. 오히려 그 소리의 느낌을 변질시킬 것 같아서다.

꿩 울음을 들어 보았는가. 봄에 우는 꿩 울음은 그래도 슬픔이 많이 가셔져 있다. 봄엔 사냥꾼도 드물거니와 주로 암놈을 부르는 소리이기 때문에 야산을 울리는 메아리는 제법 청아하기도 하다. 그러나 초겨울부터 우는 장끼의 울음은 차갑고 가슴 아프다.

사이나를 먹고 금방 죽지 않아서 가슴을 쥐어짜며 타는 듯 탁탁 끊기는 듯 야산의 앞뒤를 진동시키며 울고 날아가는 장끼. 그 울음은 퍼드드퍼드드 날아가며 떠는 날개 소리처럼 숨 가쁘다. 나는 이런 울음소리를 들으며, 또 직접 그 모양을 목격하며 어린 시절을 보냈다.

사이나는 주로 콩이나 까치밥(겨울철 붉게 익은 찔레의 열매) 속에다 넣었다. 날카롭고 긴 뾰족한 송곳으로 콩(흰 콩)에 구멍을 뚫고 이 약을 넣는다. 구멍을 뚫을 때는 가늘고 깊게 뚫어야 하기 때문에 콩을 한 손으로 잘 고정시켜 잡고 송곳을 뱅뱅 돌려서 뚫는다. 그래야 콩가루가 빠져 나오고 구멍이 적당히 생기기 때문이다. 그 구멍 속에다 사이나를 넣고 구멍 입구는 양초를 비벼서 틀어막는다. 아주 원래의 콩처럼 감쪽같이 만들어야 한다. 그리고 까치밥은 열매가 달린 가지째 잘라서 속의 씨를 빼내고 약을 넣는데, 포도처럼 한 가지에 여러 개가 달렸기 때문에 어떤 것에는 넣지 않는다.

이렇게 만든 콩은 꿩이 잘 다니고 잘 내려오는 곳에 흩어 놓고 까치밥은 여기저기 땅에다 진짜 찔레나무처럼 꽂아 놓는다. 꿩이 잘 내려오는 곳은 겨울에도 먹거리가 있는 야산 깊은 곳의 보리밭이다.

이걸 주워 먹고 꿩은 타는 듯한 울음을 울며 앞산에서 뒷산으로(약을 많이 먹었을 때는 근방에서 죽는다) 날아가 그 아름다운 날개를 퍼득이다 죽는다. 실제로 나는 꿩이 약을 먹고 비실비실 기어가다 죽는 것을 본 적이 있다. 약 먹은 꿩은 푸드득거리며 몇 번씩 날다가 곤두박이치고, 또 날다가 곤두박이치곤 했다.

어머니가 들려 준 이야기 중에 이런 게 있다. 지금은 희미한 기억이라 짧게 적을 수밖에 없다.

어느 날 장끼가 까투리와 새끼를 데리고 먼 길을 갈 때였다. 며칠째 눈이 와서 온 산이 눈에 덮여 있었다. 가도 가도 먹을 게 없어 모두 배가 고파 지쳐 있었다. 그런데 이게 웬 떡인가. 눈앞에 콩이 여기저기 흩어져 있지 않은가. 가장인 장끼가 "허허, 굶어 죽으란 법이 없구만." 하고 덥석 콩을 집어삼키려는데 아내 까투리가 기겁을 하며 말렸다.

"여보, 그거 먹으면 죽소. 그건 사람들이 놓아둔 독약이 들어 있는 콩이라오."

"재수 없는 소리, 방정맞긴. 긴 말 말고 내가 먼저 먹어 볼 테니 애들과 당신도 먹어 두구려."

이러면서 장끼는 순식간에 콩을 여러 개 주워 먹어 버렸다.

이 이야기가 맞는지 지금도 까투리보다 장끼가 더 어리석다고 한다. 이 얘길 해주며 어머니는 사내들은 다 이렇게 어리석고 제멋대로이고 여자를 무시한다고 했는데 지금에야 그 이야기가 의미롭게 미소로 다가온다.

슬픈 장끼의 죽음은 어쨌거나 우리 야산 골짜기의 가난한 농사꾼의 겨울을 따뜻하게(?) 했다. 얄미운 얘기지만 고깃국을 구경하기가, 특히 쇠고깃국을 구경하기가 하늘의 별 따기처럼 어려웠던 그 시절, 장끼는 우리들의 겨울철을 따뜻하게 했다.

봄이면 꿩 둥지를 찾아다니기도 했다. 꿩 둥지는 주로 풀숲에 있는데 가끔은 작은 소나무 밑에 있기도 했다. 꿩알을 발견하면 동네 사람들은 1년 내내 재수가 좋다고 했다. 맛도 있었지만 이 모두가 그 시절의 굶주림에서 비롯된 것이 아닌가 여겨진다.

뱀

 뱀을 죽일 때 우리는 잔인했다. 머리카락이 쭈뼛쭈뼛 치켜져 올라가고 온몸에 소름이 돋고 전율이 오는데 뱀을 죽일 때는 그렇게 잔인할 수가 없었다. 뱀이 우리들에게 어떤 해코지를 한 것도 아닌데 뱀만 봤다 하면 우리는 무조건 그 뱀을 때려죽여야 직성이 풀렸다.

 혼자 길을 가다가 뱀을 보았을 때는 그냥 내버려 두기도 했다. 그러나 어떤 때는 나 혼자 뱀을 만나더라도 커다란 돌멩이로 내려찍었다.

 뱀을 여럿이서 잡아죽일 때는 먼저 작대기 같은 것으로 온몸을 사정없이 난타한 다음, 아주 형체도 알아보기 힘들 만큼 돌멩이로 짓찧곤 했다. 특히 대가리를 아주 모지러뜨려 버리는데 아예 대가리가 없어질 만큼 그것은 집중 공격의 대상이 되었다.

 그렇게 죽여 버린 뱀을 우리는 꼬챙이에 걸어서 동네를 돌아다니다가 가시덤불이나 큰물에 던져 버렸다. 그렇게 죽여 버리고도 우리는 늘 그 뱀이 다시 살아나지 않을까 하여 뱀을 죽인 날 밤은 공포에 떨며 가위에 눌려 지냈다. 뱀이란 그렇게 우리들의 의식을 무서운 그림자로 물들게 했다.

 가령, 어느 날 뱀을 죽이려 했는데 그 뱀이 우리들 첫 공격의 실패로 도망쳐 버린 날은 도망친 뱀이 그날 밤에 우리가 자는 방으로 기어들어 와 복수할 거라는 생각 때문에 잠을 못 이루고 말 못할 걱정으로 의기소침해했다. 더구나 뱀은 머리만 살아 있어도 버틸 수 있는 질긴 목숨이라 믿었기 때문에 뱀을 설죽였다가 다시 뱀을 죽인 자리에 가 보아 그 뱀이 살아

도망친 것을 알았을 때는 몇 날 며칠 동안 꿈속에 나타났다.

어머니가 들려 준 옛날이야기 중에 「은혜 갚은 까치」라는 것이 있었다. 남편 뱀이 선비의 화살에 맞아 죽자 아내 뱀이 그날 밤 복수하러 와 선비의 온몸을 칭칭 감았다는 이야기는 우리들 머릿속을 떠나지 않고 우리로 하여금 자주 그런 꿈과 가위눌림에 시달리게 했다.

그럴수록 우리는 뱀을 보거나 그 뱀에 손을 한번 댔다 하면 피가 거꾸로 역류하고 그 피는 뱀을 처참하게 죽여 버리는 가속도가 되었다.

뱀 중에서도 무자치(물뱀)같이 독이 아주 적어 물려도 그저 따끔거리는 정도의 뱀은 죽이지 않았고 죽인다 해도 그냥 실신시키는 정도로 숨만 끊어 놓았다. 그러나 살무사같이 똬리를 딱 틀고 혀를 날름거리면서 우리를 쏘아보는 독사는 걸려들기만 하면 그날이 능지처참되는 제삿날이었다.

너불대(얼룩얼룩하면서 크고 긴 뱀)나 흰 뱀(정확한 이름이 기억나지 않는데 이 뱀은 매우 귀했고 하늘로 승천한다고 생각했다) 같은 큰 뱀을 만나면(이런 뱀은 사람을 봐도 빨리 도망가지 않는다. 팔뚝만 한 굵은 몸으로 우리를 슬쩍 한번 보면서 스르르 미끄러지듯 천천히 숲속으로 사라진다) 우리들의 가슴은 쿵쿵 소리를 내고 우리가 먼저 도망친다. 도망쳐 와서 동네 형들을 불러 오는데 그때는 이미 어디로 가 버렸는지 그 놈은 보이지 않았다.

가장 흔히 볼 수 있는 뱀은 꽃뱀이었다. 이놈은 풀숲 길가에 걸핏하면 나타나는데 고개를 높이 세우고 사람을 보면 쏜살같이 도망가서 잡기조차 어려웠다. 살무사 녀석은 꼿꼿이 우리를 노려보고 잘 도망치지도 않는데.

그 무렵에도 땅꾼은 있었다. 흰 밀가루 자루(포대)를 들고 풀숲을 헤치며 작대기로 이리저리 쑤시며 다니는 땅꾼. 우리는 그 땅꾼 아저씨도 뱀만큼이나 두려워했다. 자루에다 뱀을 잡아넣는데 그게 그렇게 쉬워 보일 수가 없었다. 정말 뱀 잡는 귀신이 땅꾼이었다.

골프채같이 생긴 작대기 끝으로 뱀 대가리를 살짝 누를 땐 이미 그 땅꾼의 엄지와 집게손가락에 뱀의 턱밑 모가지가 꽉 잡혀 있었다. 그러면 뱀은 허리와 꼬리만 요동칠 뿐 아가리를 딱 벌린 채 이빨에 독물을 떨어뜨리면서도 꼼짝하지 못했다.

땅꾼들이 가장 좋아하는 뱀은 독사였다. 독사가 가장 비싸고 뭐 강장제로 좋다나. 이런 사실이야 알 수 없었다. 다만 나도 그때 친구들과 독사를 잡아 얼마를 받았는지는 모르지만 팔아 본 경험이 있다.

능구렁이라고 하여 가끔 집안에 들어오는 뱀이 있었다. 능구렁이는 초가집 지붕 속이나 헛간, 볏짚가리, 나무 쌓아 놓은 둥치 등에서 살았다. 이 뱀은 사람을 크게 두려워하지도 않는지 볏짚가리나 나무 둥치를 치울 때, 또는 초가집 지붕을 다시 이을 때(우리집은 내가 고등학교 다닐 때까지 초가집이었다) 나타나기도 하는데 사라지는 속도가 매우 느렸다. 능글능글 맞게 생겨 '구렁이 담 넘어간다'는 속담처럼 슬그머니 사라지는 것이었다.

그런데 이놈을 잡으려고 하면 보통 부모님이 말리셨다. 뭐 집지킴이(집을 지켜 주는 신령스런 동물)라나. 그런 짐승을 잡으면 집에 망조가 들거나 해롭다는 것이다.

우리 어머니가 젊었을 때는 방에까지 들어올 정도로 뱀이 많았다는데 요즈음은 뱀 보기가 힘들다. 생태계가 파괴되어도 이만저만 파괴되는 것이 아니다. 불행인지 다행인지 나는 아직 뱀이나 뱀술 등은 먹어 보지 못했지만 사람들이 하도 잡아먹어 뱀이 멸종될 만큼 희귀해졌다고 하니 기가 막힌다. 기가 막힌 일이 어디 한두 가지일까마는 뱀마저 사라져 간다니 사람이 징그럽고 슬프다. 농촌에 다시 쥐가 극성을 떨 징조를 보인다니 아마 뱀이 사라지고 있는 탓이리라.

얼마 전 이곳 단양에서도 뱀탕집에서 파는 뱀탕 한 그릇(여러 뱀을 미리 찍어서 그 뱀 전부를 한약으로 달여 추출한다는)에 20만 원이라는 이야길 듣고, 또 그게 그렇게 몸에 좋다는 이야길 듣고 실없는 웃음을 웃고 말았지만…….

개구리마저 씨가 마를 만큼 잡혀 나가고 있다니. 뱀이여, 아아, 내 어린 시절이여. 그땐 왜 그렇게 뱀을 잔인하게 죽였을까? 악한 무리들에 대한 본능적 증오심이었을까? 사실 뱀이야 생김새가 그래서 그렇지 우리 인간보다 훨씬 자연의 이치를 거스르지 않는 동물일 텐데……. 더러운 사람들이여!

지네

　요즈음은 지네를 볼 수 없다. 단양 장날이면 촌 늙은이가 여러 가지 민간약이 되는 것을 늘어놓고 손님을 부르는데 거기에 가면 죽어서 바짝 마른 지네를 박제품처럼 구경할 수 있을 뿐 살아 있는 지네는 거의 볼 수 없다. 가끔 고향집에 가도 지네를 만나기는 힘들다.
　그럭저럭 그 지네를 본 지가 20여 년은 된 것 같다.
　천장이나 벽지 속에서 드르르드르르 또는 지르르지르르 소리를 내며 기어가는 지네. 소리만 듣고도 얼마나 큰 놈인가를 알 수 있다.
　어릴 때 우리집의 방 천장은 서까래가 드러난 울퉁불퉁한 흙이었다. 벽도 마찬가지였고. 그런 천장이나 흙벽에 바른 벽지는 군데군데 바람이 든 것처럼 부풀어 일어나 있었다. 그 속을 기어가는 지네의 수많은 발자국 소리는 소름 끼치게 무서웠다.
　놈을 함부로 건드릴 수는 없다. 특히 밤에는 아예 밤잠을 설치더라도 놈이 어디론가 가 버려서 소리가 들리지 않을 때까지 식구들은 인내심 있게 기다려야 했다. 호롱불을 켜 놓고 놈을 잡으려다간 오히려 놓치기가 쉬웠다.
　놈은 뱀처럼 후환이 두려운 존재였다. 뱀처럼 놈도 설건드렸다간 뒤늦게 복수하러 올 것이라고 믿었기 때문이다. 어린 나뿐만 아니라 어른인 아버지 어머니도 그런 미신(?)을 믿고 있는 듯했다. 어른들이 그럴 정도니 나야 지네란 놈이 진짜 뱀이나 왕거미같이 완전히 죽여 버리지 않으면 복수하러 올 것이라고 철석같이 믿을 수밖에 없었다. 깜깜한 어둠 속에서 드르르드르르 천장 벽지 속을 기어가는 왕지네의 소리, 지금 생각해도 무서운 공포로 내 몸 한구석이 쩌릿쩌릿 감전되는 것 같다.

그런데 기겁할 일이 똑바로 현실로 나타난다. 그 흉측하고 징그럽고 무시무시하게 생긴 왕지네가 찢어진 방바닥 틈이나 문설주, 쌀독 뒤나 농짝 뒤에서 슬그머니 기어나올 때가 있는 것이다. 그것도 막 일어나 눈 부비고 요강을 찾는 순간에.

가재나 집게벌레, 장수하늘소, 무서운 곤충들의 입을 연상케 하는 지네의 입, 장수하늘소의 쇠뿔같이 생긴 입, 넓적하면서 면도날같이 날카롭게 생긴 입, 꾹 다물고 있을 때보다 아가리를 쩍 벌렸을 때의 그 무서운 입. 그 위로 좁쌀처럼 작지만 얄미울 정도로 잔혹하게 생긴 매섭게 빛나는 눈. 눈 위로 양쪽으로 길게 뻗은 수염.

수십 토막으로 몸이 잘려 나가 다시 연결된 것 같은 긴 몸뚱아리. 그 몸뚱아리에 셀 수 없을 만큼 붙은 다리들. 그 다리와 몸통은 온몸이 얼어붙도록, 구역질이 날 것같이 징그럽다. 거기다가 검붉은 그놈이 힐끗힐끗 사람을 쳐다보며 천천히 기어가는 모습이란!

이런 놈을 아버지는 약에 쓴다고 나타나기만 하면 반드시 잡는다. 아버지는 낫등으로 지네의 모가지 밑 3분의 1쯤 되는 곳을 꾹 누른다. 그러면 지네는 모가지를 치켜들고 입을 쫙 벌리면서 상하좌우, 앞뒤로 머리를 요동치며 꼬리 부분과 몸통 부분을 땅에서 치켜들며 버둥거린다. 아아, 그때의 그 배때기 부분과 꿈틀거리는 충만스러운 모습이란! 그러면 아버지는 나더러 낫을 꾹 누르고 있으라고 한 뒤 준비한 실로 모가지 부분을 꽁꽁 홀쳐맨다. 그렇게 묶인 놈은 낫을 들어 버리면 허공에서 발버둥치는데 아버지는 그놈을 칙간의 오줌통에 푹 담가 버린다. 이렇게 한참 담가 놓았다 꺼내면 지네는 거의 실신해 버렸는데 아버지는 그놈을 말려 약에 썼다.

시편

제1시집 『행복은 성적순이 아니다』

실천문학의 시집 65
행복은
성적순이 아니다

쓰라린 가슴으로 창밖을 보면
행복은 성적순이 아니다
피맺힌 유서 남겨놓고 목숨 끊은
어린 열다섯 여학생의 얼굴이 떠오르고

정영상시집

실천문학사

1부

아이들아

아이들 다 돌아간 후

아이들 다 돌아간 후
교무실 책상 앞에 와서
우두커니 서면
지금은 몇 시인가
책상을 짚고 창밖을 본다
하지를 앞둔
일 년 중 가장 긴 해가 저물고
일곱 시를 치는 괘종시계 종소리
플라타너스 벌레 먹은 얼룩잎이
우리 반 특구 청소 구역에 떨어지는 것을 보며
솟아오르는 눈물을 참는다
날마다 하루에 아홉 시간씩 공부시키면서
쉬는 시간에 복도가 시끄럽다고
아이들 입에다 자갈을 물리자던 교감이여
손아귀에 핏줄이 모아졌다가
힘없이 풀리는 나날들 앞에
혜영이의 일기장은
다시 한 번 나를 죄 많은 선생으로
가슴에 낙인을 찍는다
시험 점수나 등수 때문에

자신이 바보라는 걸 깨닫게 된 건
정말 처음이라던 혜영이
아아 어두워지는 교실에서
마지막 책걸상을 정돈하는
주번 아이들마저 돌려보내고
쓰라린 가슴으로 창밖을 보면
행복은 성적순이 아니다
피맺힌 유서 남겨 놓고 목숨 끊은
어린 열다섯 여학생의 얼굴이 떠오르고
이 나라 푸른 하늘 보기가
그만 소름 끼치도록 무서워진다.

야간 학습

선생님요 지는요
참말로 밤 10시까정 남아 있을 수 없니데이
목에 편도선이 섰다카이까네요
막차를 놓치면 집에도 못간다카이까네요
아부지 어무이 걱정 안끼쳐드릴라카문
집에서 공부하는 것이 월매나 낫십니데이
야간 학습에 나오지 않았다고
교장 선생님께 불려갔다가
두 눈이 빨갛게 된 완종이와 영진이가
내 앞에서
제각기 훌쩍이며 모기소리만큼 할 말 할 때
허울좋은 실적 올리려고
밤에도 대낮처럼 불을 밝히고
강제로 야간 자습 시키는 교장 선생님
당신은 가슴이 떨리지 않나요
아이들의 건강과 아이들의 가난과
아이들의 낡은 책걸상 걱정은 못할망정
중학교 2학년 어린 가슴에 못을 박을 때
이 나라 아이들 장래가 흔들리고
아지러지게 된 5월의 라일락 향기가

독깨스처럼 아이들의 숨통을 막는다는 것을
당신은 느낄 수 없나요.

영호

관절염으로 안내양 직업마저 그만두었다는
너의 누나 소식을 남기고
너의 매형이라는 사람이 왔다 가던 날
그날은 교문 옆 은행나무 열매가
굵은 눈물처럼 떨어지더니
종이비행기 발길에 밟히는
종업식 날
오늘은 네가 없는 자리에
태극기마저 유난히 풀이 죽었구나
원수 같은 가난 때문에
너는 누나도 버리고 형도 버리고
못난 선생님도 버리고
옆짝 재연이에게만 살짝 귀띔을 하고
너는 끝내 학교를 떠나갔구나
키는 우리 반에서 제일 작은
동만이보다는 조금 더 컸지만
야무진 앞니빨처럼 총총 글씨를 쓰던 영호야
이 땅에 가르치는 자 모두 죄인이라
하루 이틀 생각한 건 아니지만
돌아오지 않는 너를 퇴학시키던 날은

큰칼이 씌워진 듯
천근처럼 모가지가 무겁더구나.

밤새 잠이 오질 않았다

광현이와 창혁이 혁희가
교장 선생님께 맞았다는 이야길 듣고
밤새 잠이 오질 않았다
교장 선생님이 영어를 얼마나 잘 하는지 몰라도
사회를 가르쳤다는 분이
영어발음을 얼마나 유창하게 하는지 몰라도
너는 영어를 잘 하느냐
영어로 묻는 말에
영어로 답변을 못했다고
아이들 따귀를 때리다니
영어 수업시간이라면 몰라
영어 선생님이라면 몰라
방과후에 남아 공부하는 아이들
머리 쓰다듬어 주지는 못할망정
교장 선생님이 주먹을 휘두르다니
오십여 명 교직원을 두고
영어가 곧 국어라 입에 거품 물고
나라 팔아먹을 망발을 하더니
예 나는 할 수 있어요
예 나는 할 수 없어요

그 대답을 영어로 못한다고
교장 선생님이 어린 아이들 뺨에 손찌검을 하다니
그게 서울대학 나온 자랑이고
그게 일찍 교장 된 자랑인가

복창

우리들은 앞으로 공부벌레가 되겠다
교장 선생님 선창으로
1학년 7백여 명이
운동장에 모여 일제히 복창을 하니
운동장도 기가 막힌지
엎드린 등을 더욱 엎드린다
새싹 같은 중학 1학년 7백여 명을 모아 놓고
공부벌레가 되라고
핏대를 올리는 교장 선생님
오늘은 안동 민속 축제의 날
공부를 시키지 못하고
행사에 아이들을 내보내야 하니
오죽 배가 아팠을라구요
그래서 아이들 보고
공부벌레를 복창시키고
민속 축제에 나가는 아이들더러
영어 단어를 베껴 가라 하셨군요
아무렴은 육군사관학교가 지상목표고
서울대학교가 지상목표인 교장 선생님
어련하시겠어요

파랗게 하늘이 올려다보이지만
교장 선생님의 눈에는
성적향상 네 글자만 보이겠지요.

아이들아

올 가을엔 아이들아
훌륭한 교장 선생님 덕분으로
수학여행 가서도 자율학습해야 된다면서
아이들아
너희들 다니고 있는 학교가
어디 시장경쟁하기 위해
수단과 방법을 가리지 않는 주식회사니
어디 너희들 하나하나가
야간에 불 오래 켜놓기 시합에 나가는 선수니
요놈들 요만큼 족치고 눈 부라리고 후려 패면
우수한 상품 되어 학교 체면 차려 줄 것이고
요놈들 붙들어
도시락 두 개에 삭신이 녹도록
오로지 국어, 영어, 수학 달달달 볶으면
교육이 성적전쟁이라고까지 떠들어대는
교감, 교장, 교육감 실적 올려 줄 것이고
그 계획경제대로
전자제품 스위치처럼 누르면 작동하는
불쌍한 아이들아
주초고사, 월례고사, 기말고사, 북부지역 학력고사,

여름방학 중 고사 사흘을 멀다 않고 닥치는 시험 앞에
오늘도 품질 향상되어 가는
불쌍한 이 나라 아이들아

방학하는 날

물을 퍼붓듯이 장마비가 온다
교실 스피커로 대신하는
교장 선생님의 종업식 훈화를
듣는 둥 마는 둥 아이들은
책가방을 들고 나갈 준비만 한다
상장도 필요 없다
성적표도 필요 없다
방학생활표도 지켜야 할 사항 쪽지도 필요 없다
다달이 성적우수자 성적우수반 시상하는 것을 보았는데
다달이 일등부터 꼴찌까지 한 장에 복사된 성적표를 받았는데
조회 때마다 귀에 못이 박히도록 금지사항 전달받았는데
그까짓 조금도 부러울 것 없고, 두려울 것도 없다
우린 꾸중 듣고 벌받고 매 맞는 것조차 생활화되지 않았던가
오로지 자율이 필요할 뿐이다
특별청소 구역과 뒤뜰 화단에 잡초 뽑는 일에서
벗어나고 싶은 것이 아니라
화장실 청소와 걸레를 빨아 말리는 그 일에서
벗어나고 싶은 것이 아니라
이 나무의자에서 벗어나고 싶다
보충수업, 자율학습, 낙인처럼 찍혀 있는

이 로보트 같은 책상과 의자에서 벗어나고 싶다
일 년 열두 달 시험 점수로 사람을 평가하는
악마들의 손아귀에서 어서 벗어나고 싶다
교실 뒤 게시란에 크게 써 붙인
'사랑과 믿음이 있는 교실' 그 위선을 눈감아 주며
방학이라는 가석방 형식으로나마
잠시 풀려나고 싶다
이렇게 보이지 않는 항의를 하며
아이들이 교실 문을 나가고
1학기 5개월의 날짜들이
징역 기간처럼 지나가는 자리
교실 열쇠를 쥐고 혼자 남은
나는 간수인가 선생인가.

애국 조례 시간

　월요일 애국 조례를 하는 아침, 교장 선생님 훈화시간마다 재수없는 아이들이 논산 훈련소 이등병들처럼 불려 나와 귀싸대기를 맞았다.
　그때마다 이천 명이나 되는 전교생들은 막대기처럼 꿋꿋이 차렷 자세로 얼어붙었고, 오십 명 선생들이 있었지만 서리 맞은 듯 침묵을 지켰다. 차렷 자세를 못 했다는 그 이유 때문에
　월요일마다 교육은 교장 선생님 앞으로 불려 나와 벌을 서야 했고, 그날따라 아이들의 일기 제목은 '애국심'이 아니라 '죠스'라는 교장 선생님 별명이 유난히 많았다.

청소용구를 나눠주면서

삼 년째 청소계를 맡으면서
전학년 아이들을 불러놓고
학기초마다 한아름씩 청소용구를 나눠주는 일이란
가슴 뿌듯한 일이어라
서로 한 개라도 더 가져가려는 아이들에게
선심 쓰듯 옜다 하나 더 가져라
그래 쓰레받기 하나 더 가져라
가져가서 이 신선한 것들로 더러운 곳이면 어디든지
싹 싹 쓸어 담아 쓰레기장에 처넣고
아예 활 활 태워버려라
그렇게 소리 높일 때는 목 안까지 시원해라
부러지거나 못 쓰게 되면 고쳐 쓰고
고치지도 못하는 것은 더 튼튼한 새것으로 바꿔주고
지나가다가도 아무렇게나 팽개쳐져 있는 것은
몽당빗자루라도 제 자리에 갖다 놓고
오오라 더러운 곳을 청소하는,
더러운 것을 몰아내고 그 자리에 주인이 되는
빗자루, 걸레, 쓰레받기, 쓰레기통, 양동이, 먼지떨이
그것들은 모두가 한 형제같이 소중도 해라
아이들아 3월이 가고 다시금 너희들의 목을 조르는

'잔인한 4월'이 돌아왔구나
너희들의 마음과 학교의 구석구석, 교실의 구석구석까지
더럽게 얼룩을 지우는
저 어른들의 썩어 빠진 교육, 냄새나는 교육
그것은 누가 청소하랴
바로 그런 것을 청소해야 한다고
가르치는 것은 신나는 일이어라
악취 나는 곳을 청소해야 한다고
거기에 마땅한 빗자루나 걸레를 나누어주는 일은
정말 신나는 일이어라
그러나, 더러운 곳을 청소한다는 것은
그만큼 뼈아픈 고통이어라
참교육의 빗자루를 들고
남보다 먼저 달려가는 용기여라.

어느 해직교사에게 바치는 노래

쌀도 떨어지고 연탄도 떨어졌다는
소식 들었습니다
건강이 나빠 늘 병원 신세를 진다는
아내와 어린 아들을 볼 때마다
가슴이 꼬챙이로 쑤시듯 아프다는
얘기도 들었습니다
참다못한 우리들이 몇 만원의 생활비를 건넸을 때
얼굴이 붉은 대춧빛처럼 되어
벌컥 우리를 꾸짖고
노한 눈동자로 그만 고개를 돌리시던 선생님
당신의 눈동자를 보는
우리들은 한결같이 죄인이었습니다
아이템플이라도 몇 권 팔아야
세 식구 굶지 않는다며
구멍가게보다도 더 작은 사무실을 냈다가
오히려 빚만 지고
꿀장사를 해 본다며
멀리 청송까지 왔다갔다 하더니
빈손으로 돌아와
아이들 가르치던 마음으로는

아무것도 할 수 없더라던 선생님
당신의 방 창가에
12월의 흑풍이 차디찬 칼날이 되어 지나가는
성탄절이 다시 돌아오고
강제로 쫓겨나던 지난 성탄절 때의
카랑카랑하던 당신의 목소리
자꾸만 쟁쟁 귓가에 울려
우리는 또 한 번 죄인이 됩니다
그러나 우리들 수백 개의 눈은
당신으로 인하여 불타오르고
일 년 내내 쥐었던 두 주먹을
다시 한 번 불끈 쥐는
당신의 마음을 따라갑니다.

복도 계단을 올라가며

나는 왜 이 계단을 올라가야 하는가
유리창 너머로
모가지만 잘려 나간
해바라기 잎이 펄럭이고—
이 계단을 오르며
오늘은 또 무엇을 잘못 가르치러 가는가
내 옆을 지나가는
선생님들의 발자국 소리에
두근두근 가슴이 뛰고
교실이 가까워지면질수록
출석부를 쥔 손에 힘이 빠진다
'하지 말 것'과 '며칠까지 다 낼 것'을 빼면
아무것도 없는 교무수첩
한 주일의 일지가 머릿속에 빙 빙 돌 뿐
아이들에게 정작 해야 할 말은 떠오르지 않는다
복도 벽에 걸린 액자 속의 사진처럼
나는 해마다 색이 바래어 가야 하는가
죽은 사람들의 사진을
동족끼리 찌르고 쏘아 죽인 부패한 시체들을
액자 속에 판넬 속에 포장해서

교훈으로 삼아라 걸어 두고
서로 욕하는
이 분단의 역사에 대해서
언제까지 침묵하며
이 계단을 올라가야 하는가.

김만철씨 가족 소지품 전시회

여기 와서 주는 옷을 갈아입고
입고 온 옷은 몽땅 벗어 전시해 놓았다
자기 내복은 물론
아내와 아이들의 팬티, 속옷, 양말까지 일일이 전시해 놓고
북한 여자들 챙피를 남한 여자들에게까지 주고 있었다
남북이 가장 부끄러운 날이었다
세상에 이런 전시회도 있는가
같은 핏줄 같은 민족끼린데
차라리 이웃집 가족을 홀랑 벗겨
전시하는 것하고 무엇이 다른가
사실 김만철씨가 북한을 도망쳐 나온 이유가
따뜻한 남쪽나라가 그리워서라는데
아, 그래 따뜻한 남쪽나라에 오니까
입고 있는 깝데기까지 벗어서 전시회 하라 하던가요
고조선 이래 우리 같은 형제들이잖아요
당신들을 구경거리라고 기를 쓰고 구경하려는
남쪽나라 동포들
당신들의 옷가지, 소지품을 구경하려고
줄을 잇는 남쪽나라 동포들
구경하기 싫다고 해도

억지로 관공서를 동원하고 교육청을 동원하여
애꿎은 아이들에게
동포를 적으로 가르치려는 남쪽나라 나리님네들
이것을 반공 교육 가르치는
선생님들에게 참고로 삼으라구요
아이들을 데리고 시청 지하실 전시장을 빠져 나오며
민족이 먼저가 아니고 권력이 먼저인
이 분단의 조국을
내일 아침 중학교 1학년 아이들에게
어떻게 설명해야 할지—
아아 눈앞이 캄캄하고 억장이 무너지는구나.

악법

저 돌멩이 불온하지 않는가
저 돌멩이 언제 날아가 파출소 유리창을 박살낼지 아는가
저 돌멩이 언제 날아가 미대사관 현관을 박살낼지 아는가
저 돌멩이 사회안전을 현저히 해칠 우려가 있으니
저 돌멩이 보안감호처분 내릴 의향은 없는가
비가 오지 않는다 이 가뭄은 무슨 죄에 해당하는가
폭우가 쏟아졌다 홍수가 났다 사람이 죽고
재산이 파괴되었다 이 물난리는 무슨 죄에 해당하는가
이건 사회안전을 심히 위태롭게 한 이적행위가 아닌가
하느님이 집회와 시위법을 위반한 것이 아닌가
그 서슬 퍼런 국가보안법, 하느님께도 적용하여
구속영장 발부하는 것이 어떤가
신부의 양심도 감옥이다 목사의 양심도 감옥이다
이 나라의 풀 한 포기 나무 한 그루 돌 한 덩어리인들
악법의 올가미 속에 어찌 자유롭다 할 것인가.

불

불은 가만히 있지 않는다
불은 그냥 민정당사나 태우고
불은 그냥 날림공사 독립기념관이나 태우고
이화장 한 모서리나 태우고
박정희 생가나 태우고
미국문화원이나 태우고
불은 가만있지 않는다
불은 일천만 노동자들이다
불은 일천만 농민들이다
불은 철거민들이다 노점상들이다 도시빈민들이다
아아 불은
남북통일을 가로막는
모든 것을 태워 버리는
민중의 뜨거운 가슴이다.

쌀 2

오뉴월 뙤약볕 아래
논둑새는 잊지 않고 삐익 삐익 울고 갔다
아카시아꽃 중천에 흩날리는 온누리
하늘 쳐다보며 어금니 깨물어 맹서하는 사나이와 계집
아들아, 너만은 이 무논 바닥에 땅강아지처럼 기는
땅벌레가 되지 마라
어디 슬픔을 달래랴 논둑새야
한낮의 빛줄기마저 끊으며 우는 매미떼야
귓전에 부딪쳐 돌아가라
여기는 한 톨의 쌀, 바람 속으로 깎여서
다시 흙 속으로 파묻히는
모진 하루가 지는 쌀의 나라
지지리도 못나고 개같이 천대받는 어떤 사나이와
계집의 손톱과 발톱이 뚝 뚝 떨어져 나가
묻히는 무덤, 떼어도 떼어도 피 냄새 맡고
종아리에 거머리 올라붙는, 여기는
총소리 없는 戰場

쌀 3

정미소 기계 바퀴 밑에 깔려
피골이 벗겨지는 아픔
참을 수 있어요

피골 벗겨 마소에게 주고
눈깔만 하나 붙은 이 아픔
참을 수 있어요

억울한 한평생
생각하면 할수록 치가 떨리지만
애꿎은 삽자루만 분질러 놓고
하늘 우러러 탄식하는 농부들

그들 가슴에 봇물 터질
그날을 생각하며
우린 참을 수 있어요.

형제

벌써 모내기 철인가
음력 설날 이후
형님을 뵙지 못했다

편지 한 장 드리지 못하고
현대자동차 파업 소식만 들었다

형님의 지친 얼굴이
석간신문에 스쳐갔다

막내아우는
중동에 간다더니
돈만 날려 버리고
다시 서울로 갔다

허리띠 한 구멍 더 당겨 매고
정비 공장으로 갔다

일 년 열두 달
밥 한술 같이 모여 먹기 힘들었다.

幼年

다 큰 콩의 키만 할 때까지도
나는 팬티라는 것을 몰랐다
국민학교 입학할 때도
팬티라는 것을 입어보지 못했다
그저 아버지나 형이 입던 바지를
가랑이만 끊어 내고 입거나
조그만 고추를 달랑거리며
미루나무 늘어선 고개 너머 콩밭까지
물 주전자 술 주전자 심부름을 했다
정오가 되면 펄펄 끓는 태양이 우는 듯
읍내에선 오포*가 울려 점심때를 알렸고
나는 솔방울 차며
오포 소리가 끝날 때까지 숨도 안 쉬고
오포 소리를 따라했다
콩밭까지 가는 길엔
고개를 쳐든 꽃뱀이 나타나
내 머리털을 쭈뼛쭈뼛 서게 했고
돌멩이에 맞아 대가리가 모지라지고
눈깔과 혀가 빠진 죽은 뱀들이 길바닥에 너부러져
개미들과 쉬파리들이 들끓고

나는 탁탁 침을 뱉으며 지나갔다
그러다 갑자기 무서운 생각이 들면
리리 리字로 끝나는 말은
개구리 대가리 너구리 아가리 중 대가리 하고
솔숲이 울리도록 노래를 불렀다.

*오포 : 읍에서 정오를 알리던 경보기 소리. 소리가 매우 커서 읍면 산골까지 들렸음.

철도원

휴가도 없다
종착역에 도착하면 소변이 노래진다
야간에는 졸음을 쫓기 위해
억지 담배를 피우거나
세수, 양치질, 고함지르기를 한다
밤에만 열 시간씩 달려 종착역에 도착한다
찜통 같은 합숙소에서 선잠을 잔다
다시 시발역으로 피로를 털며 돌아간다
한 달 중 열흘밤만 집에 들어가 잔다
2백23원으로 책정된 야근수당
소변 볼 틈이 없어
기관차 내에 비닐봉지를 가지고 다닌다
깜빡 졸면 죽음으로 연결되는 철로를 따라
밤낮없이 열차를 운전하는 기관사들
철길은 철도원들의 생명선이다.

2부

귀가일기

귀가일기 1

쇠말뚝이 집을 지켰다.
쇠말뚝을 삥 삥 둘러싼
쇠비름풀이 집을 지켰다.
형님이 장가를 가지 않았을 때나
형님이 장가를 간 이후에나
장독가 감꽃은
해마다 늘어나는 이자처럼 쌓였고
외양간을 돌아 툇마루로 향하면
눈앞을 찌르는 바지랑대
모처럼 핏발선 눈으로
바지랑대 끝을 따라가니
바지랑대 끝에는
죽순처럼 돋아나는
뾰족뾰족한 民心이 살고 있었다.

귀가일기 2

길바닥에 납작한 질경이를
더욱 납작하게 밟으며
한 달에 한 번 편지를 드리기로 다짐했습니다.
흙에 문드러져서 저절로 닳아버린
아버지의 뼈 같은 발톱을
날마다 지켜보며 살아가는 미루나무에게
깍듯이 형이라고 부르고 싶었지만
손 한번 흔들어 주지 못했습니다.
아버지 가슴에서 솟구치는 연기가
만약에 구름이 된다면
다시는 이 땅에 비가 내리지 않을까요.
호박 줄기가 따라 따라 오며
나를 가면이라고 손가락질했지만
골목을 돌아가며 힐끔힐끔 나를 훔쳐보는
똥개들의 눈을 못 본 척한 건 사실입니다.
불이 닿으면 괴로워하시는 줄 뻔히 알면서
이렇게 또 활활 불타는 아버지 가슴을 보고
쌀가마니 팔아 돌아가는 건 사실입니다.

귀가일기 3
– 夏至

허리를 펼 때
보리는 아버지의 눈을 찔렀다.
눈물부터 먼저 고이는 보리밭
보리밭 위로 아내의 낮달이 떠가는 것을
아버지는 보지 못했으리
보리줄기 사이로 숨는
어머니의 낫질은 엉겁결에 보였겠지만
어머니의 낫 끝에서
싹둑 싹둑 베어지고 베어져
반쪽만 남아 떠가는
배고픈 낮달을 보지 못했으리
허리를 펴는 아버지의 눈높이까지
夏至는 차오르고
찡 소리 속에 무당벌레들은
하지를 찌르고 또 찔렀다.
며칠만 더 있으면 낮달도 저물리라
어머니의 육십 평생이
어머니의 손에 베어져서 자취를 감추리라.

귀가일기 4
- 거미줄

저녁이면 거미줄 한가운데로
삽을 멘 아버지는 돌아왔다.
항상 아버지보다 먼저 돌아와
아버지의 눈과 마주치며
고추잠자리를 물어뜯는 왕거미
풀을 뽑고 땅을 일구어
하루 종일 가족을 위한
거미줄을 쳐 놓고 돌아오지만
큰 놈 작은 놈 등록금만 걸려들 뿐
날마다 찢어져서
이제 몇 가닥 남지도 않은
아버지의 거미줄
매일 매일 아버지가 쳐 놓은 이 거미줄엔
드디어 아버지가 걸려들고
오오 아버지를 물어뜯는
잔인한 거미 같은 자식새끼들.

귀가일기 5

고향 부엌 아궁이 불 꺼져 가는 저녁이
내 온몸에 퍼져 갑니다.
늙은 아버지 허리 다쳐 몸져누운
사랑방 문살에 겨울바람 가슴 떨리는 소리
내 온몸에 퍼져 갑니다.
허리 다친 데는 개똥이나 사람똥 구워 먹으면 좋다고
똥을 주워 오는 어머니의 앙상한 나뭇가지 같은 모습이
자꾸 꿈속에 나타납니다.
아버지의 대소변을 받아내시며
사람의 한평생이란
고생만 하며 살다 죽는 것이라고
혼자 중얼거리는 어머니 말씀
꿈속까지 쫓아 쫓아 와서 퍼져 나갑니다.

귀가일기 6

사람도 줄고 가축도 줄었다
소나무를 벌목해 가고
재래종 밤나무로 났던 길은
어느새 아카시아 숲이 되었다
아들이 있지만
딸이 있지만
노인들은 개를 키우며
고양이를 키우며 홀로 살아갔다
세월이 이사를 가니
서낭당 장승도 어디론가 가버렸는가
대숲에 바람
노인들의 광대뼈를 깎아내는 바람
마을은 귀신이 나올 것처럼 휘엉하다
장닭 울음 대신
소 울음 대신
때없이 오토바이가 달려들고
조합빚 진 사람들
대여 양곡 먹은 사람들
철렁 가슴이 내려앉는다.

귀가일기 7
– 訃告

극심한 가뭄 뒤라서 그런지
올겨울 마을의 노인네들은
한결 더 늙어 보인다
나이 칠십 고개에
지게를 지는 강구어른
복도 복도 없는가 보다
그나마 며칠 전엔
동생이 먼저 喪을 입었다 한다
눈 한번 크게 오지 않고
겨울 날씨가 수상하게 따숩다며
벌써부터 흉년 점을 치는
홀애비 권씨 영감
하나둘 늘어가는
그들의 버짐 자국을 아는지
엊그제는 이사 와서 이태째가 된다는
예수쟁이 할머니가 세상을 떠났고
바람도 숨죽여 부는 골목에서
아버지는 또 친구의 訃告라도 받았는가
혀를 차는 소리가
방구석에 웅크리고 있는

내 귀에까지 들린다.

귀가일기 8
– 중부님 돌아가시고

마지막 한 분 형의 주검 앞에서
술 한 잔 부어 올리지 못하고
으이 으이 소리 내어 곡 한 번 하지 못하고
알아듣지도 못할 주문 같은 기도와
아—멘, 소리에 등을 돌리시던 아버지
애들아 꼭 삼년상을 치르자니 일년상을 치르자니
유교 강목을 고집하는 것도 아니란다
내대로 내려오는 이 나라 풍속
죽은 사람에 대한 마지막 인정을 베풀자는 것이거늘
어찌 우상 숭배라니 미신이라니 하여
술 한 잔 못 따라 바치게 하느냐
십자가의 뜻도 곧 하느님이 인간을 위해 베푸는 뜻이거늘
어찌 부자지간 형제지간의 아름다운 인정마저 끊으라 하느냐
중부님 돌아가시고
아버지의 눈에 아직 눈물이 마르지 않았는데
빈소에는
예수교가 무언지도 모르는 중부님을 위하여
찬송가는 바쳐졌고
사촌형과 목사에게
아버지의 등이 밀려나는 것을 보았다.

귀가일기 9
– 아버지와 보리

보리밭으로 갔다가 보리만 보고 돌아왔습니다.
보리밭으로 가서 낫을 쥐어 보니
내 모습 어디 하나 보리를 닮은 게 없어
늙은 아버지와 무서운 보릿단만 보고 돌아왔습니다.
모질고 긴 세월 버림만 받고 살아오다 보니
아버지는 보릿단을 닮았고 보릿단은 아버지를 닮아서
아버지가 보리를 먹고 살아왔는지
보리가 아버지를 먹고 살아왔는지 모를 만큼
아버지가 곧 보리요 보리가 곧 아버지였습니다.
평생을 묶이어서
굴욕을 먹고 살아온 땅
베어 묶는 쪽은 아버지였지만
묶여 던져진 보리가 실은
아버지의 백발, 아버지의 앙상한 팔뚝,
아버지의 굽은 등뼈였습니다.
보리도 누천 년 이 나라 곡식인데
보리를 보면 못 볼 것이라도 본 듯
면사무소도 조합도 하곡수매 검사원도
모조리 달아날 궁리만 하고
이제 할아버지와 아들마저 등을 돌리고 있었지만

아버지는 보리를 위해 목숨 바치고
보리는 아버지를 위해 목숨 바치고 있었습니다.

귀가일기 10

막내아우가 입대하던 날
잎진무늬마름병은
아직 너 마지기 논에 번지지 않았다.
무슨 못할 말이라도 있었던지
비는 호박잎에서 애들처럼 떼굴떼굴 구르며
보는 사람의 마음을 아프게 울렸고
바람은 땅에 엎드려 낮게 낮게 기었다.
언제나 믿을 수 없는 나날
하루 종일 비를 맞으며
옥수수들은 한마디 말도 하지 않았고
집 앞에 쑥과 바랭이 풀은
여전히 누구의 신세도 지지 않고 살아갔다.

귀가일기 11

더러 싹이 난 것도 있지만
아버지 말씀으론
일곱 마지기 너 마지기
모두 큰 탈이 없노라 하시더라
돈도 없고 일손도 없어
추수를 늦게 한 탓으로
올가을 장마엔 득을 보았다며
천재지변도 딱한 사람은
알아보더라 하시더라
마루청에 놓인 통닭 한 마리 소주 한됫병을 보시곤
장가들 생각을 해야지
이런 건 다 뭣하러 사 오냐면서도
입가엔 흐뭇한 웃음
감추지 못하시던 어머니
어머니는 한 달에 한 번 집에 다니러 오는
내 손목을 잡고 놓을 줄 모르시더라.

귀가일기 12

수채화와 비누 조각을 가르치는
유월 한 달 동안
아버지의 가슴에는 모가 심어지는 대신
쐐기풀이 덩굴채로 자랐으리
눈앞을 가로지르는 빗줄기마다
바닥난 저수지가 보이고
너 마지기 논둑길에
조합빛을 짚어진
아버지가 삽자루를 꽂고 있다
형님, 형님도 이 비를 보는지요?
두 달을 넘게 가물다가 이제서야 오는 비
남들은 수리시설 잘된 논이라
모라도 심었다지만
천수답이 절반도 넘는 우리집 논을 생각하며
형님, 형님도 오늘은 울산 현대자동차 보일러실에서
논두렁에 비틀어져 핀 메꽃 한 송이를 생각하는지요?

귀가일기 13
– 어머니의 타령

엉금엉금 기면서
부엌에 들어간다
아홉 살에 부엌에 들어와
이날 이적 나이 칠순이 다 되도록
참솥에 쌀 안치고
아궁이 연기 불에 눈물 짜며 밥 지었으니
이놈의 부엌
소가 도살장에 들어가기보담 더 싫구나
며느리 둘 보면 뭣하고 셋을 보면 뭣에 쓰나
깨모종 심어 놓고 고추밭에 농약 치고
이 때기 저 때기 밭에 빠진 콩 새로 심어 놓고
허리 꾸부러져
뉘엿뉘엿 긴긴 하지 해 넘겨 돌아오면
집구석에 누가 있느냐
어느 며느리 와서 밥상 한번 차려 놓느냐
꽥꽥 배고프다 소리지르는
오리들아 내 팔자가 이렇단다.

3부

볏단의 노래

왕겨

나 같은 것이야
사랑방 군불로 지펴져도 좋아요.
미끄러운 골목길에 뿌려져
밟히고 밟히다가
그나마 흙 속에 파묻혀도 좋아요.
쇠죽솥 펄펄 끓는 물속에서
콩깍지에게 구박을 받아도 좋아요.
내 속에서 빠진
한 톨의 쌀
그의 이름이 욕되지 않는다면
까짓 나 같은 것이야
하다못해 이제는 소나 돼지에게마저
멸시 받아도 좋아요.

두엄

소나 돼지들의 똥과 오줌을
쓰라린 속으로 받아들이며
서로 끌어당기며 사는 것들
그리하여 쉬지 않고
오로지 썩는 일에만 몰두하여
겨울에도 뻘뻘 땀 흘리며
썩으면 썩을수록 더욱 정신 차려
논밭으로 나가
쓰라린 속이 기쁨으로
열매 맺힐 때까지 사는 것들.

쌀

우리들은
펄펄 끓는 물속에서
서로 부둥켜안고 생각해 봅니다.
어느 날 갑자기
초롱초롱한 얼굴로
우리가 누군지 모르는 사람들 앞에서
이리저리 뜯어 먹힐지라도
우리는 그들에게
평등한 양분일 수밖에 없는지
곰곰이 생각해 봅니다.
아침마다
도시락에 섞인 우리의 數를 헤아리며
아이들은 아이들대로 눈물 콧물 짜고
어머니들은 어머니들대로
부엌에 기대어 치맛자락 적시던 시절
우리는 우리끼리 붙잡고
쌀독의 밑바닥에서 울었지요.
펄펄 끓는 물속에서
그런저런 생각 다 하다 보면
미운 놈 고운 놈 입 가리지 않고 들어갔다가

똑같은 똥이 되었다 나올 수밖에 없는
우리들 신세가 부끄러워진다는 것쯤
하나님도 용서하겠지요.

볏단의 노래 1

가을 들판에 볏단들이 노래하고 있다
끌려가기 위해 묶여진 노예처럼
억울한 누명을 쓰고 판결을 기다리는 죄수처럼
볏단들이 묶여져서 노래하고 있다
가뭄과 장마 천재지변은 무섭지 않다구요
푸른 저 가을하늘에
펑펑 폭설이 쏟아져도 무섭지 않다구요
이제는 사람이 더 무섭다구요
해마다 우리를 속이고 우리를 단죄하는
농협 사람들이 무섭고 농수산부 사람들이 무섭고
농수산부 사람보다 더 무서운 사람,
그 사람들이 무섭다구요
우리는 태어나 똥값으로 팔려가기 위한
노예들이 아니에요 우리는 죄도 없이
판결을 기다리는 억울한 죄수들이 아니에요
보아요 우리는 벼멸구 목도열병도 이겨낸
건강한 벼들이라구요 우리도
무럭무럭 김나는 쌀밥이 될 수 있다구요.

볏단의 노래 2

태풍이 불던 날
꼿꼿이 서 있지 못하고
쓰러진 것은 너희의 잘못이 아니다
너희들이 쓰러져 있든
너희들이 일어서 있든
우리들은 너희를 베어 묶는다
익으면 익을수록
고개 숙이는 너희에게 무슨 죄가 있어
이렇게 꽁꽁 묶어 두는 것이랴
우리는 농사꾼
우리가 누구를 베어 묶을 수 있으랴
뿌드득 이를 갈며
차라리 너희를 베어 묶을 뿐
보아라 저 들판 논바닥에
인두질당한 상처처럼 찍혀 있는 발자국들
너희만이 알고 너희만이 보아라
너희와 함께 밤에만 그 발자국 헤아리고
아아 밤에만 빛나는 별이 되려고
우리는 태어났던 것을
태풍이 불면 쓰러지고

때가 되면 고개밖에 숙일 줄 모르는
사월의 벼
너희를 묶어 안고
우리들 농사꾼은 짐승처럼 통곡한다.

창경원에서

영일만의 어선들이 흔들리는 만큼
창경원의 벚꽃이 흔들리고
아버지가 흔들리는 만큼
창경원의 벚꽃이 떨어지고
창경원의 벚꽃이 떨어진 만큼
아들의 눈에는 비가 온다
아들의 눈에 번개 치고 비가 오면
석 달째 가문 하늘과
석 달째 가문 땅에는
아버지의 무릎이 잠기도록
돈 같은 꽃이 꽃 같은 돈이 떨어질까.

牛市場의 눈

牛市場 말뚝의 대가리통을
모조리 덮으며
그날은 함박눈이 내렸다
선술집 술 사발에 왼종일 떠서 우는
젖 떨어지지 않은 송아지 울음소리
들리는가 어미소여
외양간에 홀로 남겨 두고 온
자식새끼의 울음소리가
말뚝에 묶여 빙빙 돌며
왼종일 월사금 고지서와 씨름하는
우리의 어미소
너를 쌀이라 부르마
너의 잔등 위에 내리는
흰 눈을 밀가루라 부르마
어느 놈 아가리에다
우리 아부지 생애의 살찌운 반쪽을
송두리째 갖다 바치나
닭똥 같은 눈물, 아부지야
우리의 암소 어디다 팔았노
누구에게 팔았노

아직도 눈은 그치지 않고 오는데
우시장 모퉁이를 허리춤 고쳐 잡고
동지섣달 바람개비, 돌아서던 아부지야.

보리들의 遺言

보리들의 피가 묻은 낫을 들고
中天에 우뚝 서서
아버지는 울었습니다
개죽음을 당한 귀신떼들이
몽둥이를 들고 가는 것을 보았다고
헛소리를 하며 울었습니다
이등품 한 가마에 만오천 원도 안 되는
보리 수매가가 고시되던 날
낮달은 보리밭에 얼굴을 묻고
보리들과 함께 살아온
찌르레기, 무당벌레들은
보리밭이 떠나가라 울어댔습니다
개들은 넋이 빠져
미루나무 허리에다 질질 오줌을 갈기고
소들은 뿔을 달고서도
닭똥 같은 눈물만 흘렸습니다
차라리 교통사고라도 나서
목돈이나 벌어야겠다는
막다른 길목의 고향 사람들
그들을 생각하며

보리들은 마침내
보리알 하나하나에 유언을 남겼습니다
보리알아 보리알아
내 죽거들랑 면사무소 앞
공판장 한가운데다 묻어 다오
보리 열 섬 묶어 내놓아 보아도
조합장 한 달 월급도 안 되는데
이까짓 보리농사 지어서 무엇 하나
내 죽거들랑
농수산부 장관 집 앞뜰 한가운데다 묻어 다오.

올챙이

장군의 명령을 기다리고 있는 보병들처럼
보리들이 수염을 곧추세우고 있다
산골짜기 핏방울처럼
메꽃이 혼자 핀 논둑,
밤에도 낮에도 어른이 된 개구리는 울지만
우리들 올챙이는
꼬리 하나만 믿고 울지 않는다
제초제와 살충제를 뿌려 놓은 무논
거머리 물벼룩 같은 독충들 틈에서도
니들 죽지 않으면 우리도 죽지 않는다고
배때기 하나만 내밀고 산다
감자밭에선 감자들이
튼튼한 남정네의 불알처럼 굵어가는데
왜 우리라고 구만리 같은 앞날이 없을쏘냐
이구동성으로 거품 물고
하루에도 수십 번 하늘 쳐다보는 올챙이
작년처럼 비가 오지 않으면
갈라진 논바닥에서 타죽는
모포기와 함께 말라 죽지
이 논둑 저 논둑 건너다니며

슬피 우는 논둑새처럼
밤낮으로 그렇게 울지 않는다.

볍씨

울타리엔 개나리꽃이
황벌처럼 무리지어 일어났고
산천엔 산불인 듯 진달래가 타올랐다
나의 이름은 볍씨
풍문에, 花言에, 종자시비 엇갈려도
텃밭에 감꽃은 소리 없이 벌어지고
살충제 파라치온의 독성을 온몸에 퍼뜨리며
육신이 삭고 삭아 껍질만 남아
다시 눈 뜨는 그 자리에
내 이름 시비가 무슨 대수이랴
잊지 말 것은
내 한 톨 눈 뜨기까지 바쳐진
누천 년 농부들의 눈물 맺힌 손가락
마디 마디 따라 한번 가 보는 것이요
그 손가락 닳고 닳은 마디 속에
이름도 성도 없이 쓰러진,
그러나 목놓아 불러일으켜야 할
이 나라의 주인이 누구인가
그것을 알아내는 것이리.

상돌이 妻

상돌이 처가 나락을 벤다
상돌이네 논에는
상돌이 어머니 상돌이 형수
여자만 셋이서 나락을 벤다
상돌이 처는 가끔 허리를 펴다
팔자 좋은 여편네들을 본다
오토바이 등 뒤에 꼭 붙어
사내를 껴안고
낚시터 쪽으로 가는
일요일의 여자들을 본다
노란 제복을 입고
노란 헬멧을 쓰고
어마어마하게 높은 굴뚝 밑으로 가서
돈 많이 벌어 온다는
남자들 등때기에 붙어 지나가는
분홍빛 여자들을 본다
그런 사이 사이 상돌이 처는
낫질 한 번에 나락 세 포기 네 포기를
한꺼번에 베고
그런 사이 사이 자기도 모르게 자꾸

오토바이 소리가 날 때마다
신작로 쪽으로 고개를 돌려본다.

사루비아

  도시락 속에서 젓가락이 두 시간 끝나기가 무섭게 달그락 달그락거릴 때 너희집 마당 탈곡기는 거친 숨을 몰아쉬며 점점 가슴에 불을 지르고 있었지만 새빨갛게 타는 늦은 사루비아의 색깔, 누나의 사춘기를 너는 몰랐다. 검은 치맛자락 사이로 벼룩처럼 쏘는 그놈의 지푸라기 가시가 파고드는데 누나는 볏단을 날랐고, 그런 너의 누나의 돌아서서 짠 눈물을 아는지 널빤지 校舍를 들썩이며 불던 삐걱삐걱 木材 바람이 시오리 들판까지 달려가서 지푸라기 붙잡고 뒹굴었을 때도 너는 습자지 살 돈으로 군고구마를 사먹었다.

태양

 거머리는 길바닥에 내팽개쳐졌어도 꿈틀꿈틀 다시 사나이와 계집의 장다리에 달라붙었다. 아이들은 돌멩이로 쳐죽이고 침을 탁탁 뱉어서 대가리를 모지러뜨리고 눈깔과 혀를 뺀 살무사를 꼬챙이에다 걸었다. 걸고 가다가 사나이와 계집이 허위적허위적 벼 포기 사이로 김매어 가는 무논 위의 태양을 향해 던졌다. 사나이와 계집의 등판때기에 허물처럼 벗겨진 여름, 노병 같은 미루나무 한 그루만 그들의 머리 위에서 정오의 뜨거운 그늘이 되고 있었다.

잠을 잘 수가 없는 날은

잠을 잘 수가 없는 날은
콩밭이며 보리밭이며
송아지처럼 뛰어다니던
소년이 되어 본다
형이 물려준 중학생복 저고리
(단추가 두 개밖에 달리지 않은)
우리 면 소재에선 그래도 귀했던
저고리를 입고
봇물이 많던 날
미꾸라지 잡으러 가던
열한 살 소년이 되어 본다
설날에 띄워 보낸 꼬리연의 기억보다 더 긴
고향의 봇도랑을 타고 올라가다
논두렁 밭두렁 호박줄에 걸려
멍석같이 둥근 하늘 한가운데
풍덩풍덩 엎어져 보기도 하고
목이 알록달록한 장꿩을
주렁주렁 허리에 매달고 야산을 넘던
이름도 모르는 포수를 따라다니던
그런 소년이 되어 본다

잠을 잘 수가 없는 날은.

아버지와 가을 1

아버지는
예순 번이 넘도록 벼를 심으셨다 아버지는
예순 번이 넘도록 콩을 심으셨다 아버지는
예순 번이 넘도록 참깨를 수수와 호박을
맵고 야무진 조선파를 심으셨다
손이 닿으면 불처럼 뜨거운 벼가
아금니 꽉 깨물고 물결치는 논길 따라
내 땅을 지켜야 한다는 듯이
미루나무들이 서 있었고
콩밭 머리엔 죽지 않는 땡감나무들이
조상들의 말씀을 전하는 사도들인 양 서 있었다
참깨밭 들깨밭 가는 길엔
재래종 밤나무 한 그루
먹을 것 없어 산으로 들어왔다는
그 땅의 주인을 말해주었고
늦서리가 내려야 맛이 든다는 돌배나무는
돌팔매질하던 어린 시절의 배고픔을 일깨우고 있었다
아버지의 땅에 아버지가 뿌려 놓은 모든 씨들이
아버지의 손금에 새겨져서 뭉개지고 뭉개졌다가
다시 패인 한 많은 듯처럼 여물어 가는 가을

문중의 씨들이 자손들이
아버지를 찾아오고
그들의 아비 어미의 무덤을 찾아오는 가을
저것은 누구의 땅인가
수숫대 줄이어 몸 뒤채는
저 누천의 이랑은 누구의 땅인가
채전밭을 돌아 피 끓는 손으로 돌멩이 하나 주워들면
손가락마다 부딪치는 까칠까칠한 선조의 숨결
아아 온몸에 타오르는 이 부끄러움 이 가슴 벅참
그것은 땅만이 알고 있다
씨를 뿌리고 거두는 아버지만이 알고 있다.

아버지와 가을 2

아버지, 아버지의 생신이 돌아오고
아버지의 예순일곱 해 가을이 저물었습니다
뚝 뚝 눈물이 떨어질 것만 같은
무서운 가을이 저물었습니다
물오리떼도 날지 않고
새파랗게 질린 하늘에 기러기도 날지 않고
반도의 南쪽 담장 위로
해바라기들이 얼굴을 들지 못하는
아아 이 나라 부끄러운 가을이 저물었습니다
아버지, 아버지가 심고 땀흘려 키운 곡식들은
익은 만큼 고개 숙이고 숙인 고개만큼
제자리를 찾아 아버지 품으로 돌아왔는데
아직도 이 나라이 가을은
0.7프로 추곡 수매가만큼밖에 인상되지 않고
11월의 나뭇잎이 떨어져 뒹구는 거리로
껌 한 통 값에 배추 열 포기가 팔려가 버렸습니다
콩을 털어 담는 날에도
참깨를 털어 말리는 날에도
소 값은 자꾸 떨어지고
남의 나라 담배가 몰려온다는 소식만 들려오고

볏단 속에 빚더미로 썩어 가는 아버지의 근심처럼
고향의 가을은 날마다 여위어 갔습니다
아버지, 아버지의 아들딸들이 커서
서른이 되고 마흔이 되고
아버지의 형제들이 차례로 문중 산에 묻히는 동안
산도 입을 다물고 강도 입을 다물고
그저 산짐승처럼 그저 들짐승처럼
뒤돌아볼 새 없이 땅만 파며 살아왔는데
농부들과 농부들이 서로 얼싸안고 덩실덩실 춤을 출
조국의 풍년을 왜 오지 않을까요
이제 탈곡기 소리마저 그치고
농부들의 관절 마디마디가 웁니다
유신벼다 통일벼다 숱한 벼들이 떨어졌다 심어진 땅에
아버지의 예순일곱 피맺힌 가을이 저물고
동강난 현대사가 아버지의 낫질 속에 흘러갔지만
아버지, 그래도 고향의 미루나무들은
젊은 자식들 **빼앗겨버린** 늙은 부모들처럼
여윈 무릎과 앙상한 팔뚝을 흔들며
반도의 한 귀퉁이 아버지의 밭둑을 지키고 서 있었습니다.

굴뚝

강 어구에 뱀장어떼들이
하나둘 돌아오지 않기 시작하던 어느 날
이화명충 벼멸구들은 보았다
읍내 중학교 지붕 너머로
도깨비처럼 밤새 우뚝우뚝 들어서는 굴뚝을
기왓골 골마다 참새똥을 물들이며
꾸역꾸역 몰려나온 연기는
자주달개비 꽃피는
앞동네 뒷동네를 돌아다니며
처녀 총각을 후려 갔고
어린 아이들의 도시락엔
한바탕 쌀과 보리쌀의 싸움이 벌어졌다
굴뚝으로 굴뚝으로 향하여
교정의 깃발은 나부끼고
선생님들은 너도나도
수입 많은 제철공장으로 가버리니
아이들은 기술 시간이면
영문도 모르고 자습을 했다.

4부

얼음이 우는 밤

오월의 길목

오월로 가는 길목은
바람들의 무성한 숲이었다
이따금 하얗게 핀 냉이꽃들이
강북으로 강북으로 흔들렸지만
분노는 어느 곳에도
발붙일 곳이 없었다
최후로 한 번 더 일어서던
오늘의 저녁노을마저 스러지면
피투성이로 찔린 오월의 길목은
더 이상 무엇으로 남아 있을까?
바늘 끝처럼 날을 세운 오오
바람떼여
저기 저 미루나무 새잎들을 그냥 두라
강쪽으로 강쪽으로 흔들리는
우리의 냉이꽃 한 송이가
오월의 길목에서
민주의 꽃으로 피게 하라
자유의 꽃으로 피게 하라
그리하여 강이여 말하라
모든 살아 있는 것들의 바람이 무엇인지

이제는 벌떡벌떡 일어나
준엄히 심판하라.

광복절이 다시 와도

광복절이 다시 와도
무궁화꽃이 아름답지 않아요
광복절이 다시 와도
태극기가 결코 자랑스럽지 않아요
나라 사랑도 모르는 놈이라고
너하고는 상종을 하지 않겠다고
고래고래 고함을 치는 김 선생아
당신이 아무리 그래도
광복절 날 나는
감격에 복받쳐 애국가를 부를 수 없어요
눈을 감으면 허연 뼈다귀들이
내 살덩어리 내 놓아라
내 살덩어리, 살덩어리의 피값을 내 놓아라
눈을 감으면 사람 뼈다귀, 쇠뼈다귀, 개뼈다귀
뼈다귀들 울부짖는 소리 앞에
자꾸 총칼이 어른거리고
나는 광복절 노래를 부를 수가 없어요
태극기가 그려져 있는
무궁화가 그려져 있는
대한민국 우표를 뜨겁게 포옹하며

나는 붙일 수가 없어요
통일의 그날까지
해방의 그날까지
나는 무궁화꽃이 아름답지 않아요.

우체국 꼭대기의 태극기

학교를 가도 태극기는 나부끼고
농촌지도소 옆을 지날 때도
새마을회관의 깃발과 함께
태극기는 나부끼고 있지만
우체국 꼭대기에 펄럭이는 태극기처럼
와락 끌어안고 싶은 마음은 생기질 않는다
우체국 꼭대기에 펄럭이는 태극기는
사람을 붙들어 세우는 힘이 있다
오랜 투옥 생활을 하다 출옥하는
친구의 손을 잡은 것처럼
뜨겁게 잡고 싶은 피가 흐르고 있다
우체국 꼭대기에 펄럭이는 태극기와
눈이 마주치면
문득 목줄기가 콱 막히고
너를 사랑한다 목놓아 부르고 싶지만
오오 동족의 피가 아직도 흐르는 수난의 태극기여
반토막 나서 그 반토막마저 피 흘리는 태극기여
저 우체통에 들어간 편지들이
삼팔선 너머 신의주까지 배달되는
그날이 올 때까진

너를 사랑한다
목놓아 부르고 싶지 않구나.

변비와 치질

변소에 가면 뚝 뚝 피가 떨어진다
다섯 번 여섯 번 봄이 오도록
변비와 치질을 모르는 척 덮어 두었으니
다섯 번 여섯 번 봄이 오도록
곪기만 한 이 나라
이 나라 항문처럼 뚝 뚝 피가 떨어진다
변비와 치질이 무슨 불경스런 것이라고
외설스런 변소간의 낙서를 덮어두듯
쉬 쉬 하며 덮어두었으니
좁쌀만 하던 것이 밤알만 해질 밖에
소주와 막걸리를 마시지 않고
변소에 앉아서 앞날을 생각하면
똥 위에 떨어지는 핏방울이
꼭 내 앞날에 떨어질 형벌일 것만 같아
꼭 이 나라 앞날에 떨어질 형벌일 것만 같아.

봄은

이미 꽁 꽁 얼어붙은 땅 밑에서
썩어서 다시 살 날을 꿈꾸는 들판의 벼 그루터기처럼
결코 시끄럽지 않게 기다리고 있던 봄은,
삽날을 신고 경운기 엔진 소리에 온 정신을 집중하는
부락민들의 땀으로 지금 이 땅에 떨어지던 봄은,
이래저래 마음과 땅이 함께 엇갈리고 동강나고
맹서와 약속이 하루아침에 잊혀지는 사람의 쓰레기장을
한 줄기 섬광처럼 뚫고 나와 독설로 맺혀 있던 봄은,
아 아 유관순 누나 옷고름에 피 묻던
3월 1일 그날에 한 번 온몸을 부르르 떨다가
반도의 살아 있는 모든 생명의 촉수 끝에
일시에 툭 툭 눈알과 혓바닥으로
불거져 나오는구나.

얼음이 우는 밤

가슴이 섬뜩 섬뜩 하도록
얼음이 우는 밤엔
바람도 미쳐 버렸는지
방향을 잃고 온누리를 헤매다가
너 죽고 나 죽자는 듯
닥치는 대로 대가리를 처박는다
대가리를 처박다가
지들끼리 부딪치고
눈깔 뒤집힌 몇 놈이 자빠졌는가
잠시 기척이 뜸하다 싶은데
참다 참다 기어코 웅어리져 나오는지
무슨 영험스런 짐승처럼
꾸르릉 꾸르릉 얼음이 울고,
아니나 다를까
온 정신이라곤 없는 바람들이
어디 홀려도 홀딱 홀린 듯
사생결단
지들끼리 눈에 띄면 달겨들고
달겨들면 물어뜯고 싸우니
아아 무섭구나

오늘 죄 있는 자들의 발작이란 바로 저런 것일까.

청량리역에서

자두야 복숭아들아
니들은 다 어디서 올라왔니
어느 지방 어느 산골짜기에서 올라와
오늘은 비 내리는 청량리역 광장을 헤매니
니들은 속은 여물 대로 여물어서
태양처럼 이글이글 불타고 있을 텐데
너희들은 왜 이 비 내리는 청량리역에서
동냥하는 거지같은 신세가 되었니
쪽바구니에 너희들을 담고
하루를 벌어 하루를 먹고사는
지치고 상한 아낙네들을 보아라
처음엔 다 니들처럼 속이 여물었을 텐데
서울 와서 이리저리 겉과 속을 다 버리고
오는 비 아랑곳없이
헐값에도 팔리지 않는 니들을 팔려고
망아지들처럼 뛰어다니는 것을 보아라
서울 오면 똑똑하고 야무진 것들도
다 헐값 신세 못 면한다
자두야 복숭아들아
팔려 다니는 니들만 헐값이 아니라

니들을 보며 글줄을 엮는 내 모양도
이 청량리역에서는
완행열차 차표처럼 헐값이 되는구나.

교보문고에서

서울은 생각만 해도 속이 메스껍다는
너를 연수교육장까지 바래다주고
누군가 등덜미라도 잡을 듯한
서울에 홀로 되어
지방 서점을 몽땅 잡아먹겠다던
괴물 아닌 괴물 교보문고엘 왔다
아버지 어머니는 오늘도
키보다 더 높이 치솟는 7월의
막바지 더위 속에서
논둑풀을 베고 고추밭 김을 맬 텐데
밸이 꼴릴 만큼 교보문고 안은
어디를 가도 땀나는 데는 없구나
분수는 쉬지 않고 뿜어져
물소리는 산속마냥 들려오고
젊은 남녀들은 무엇이 저리 기쁜가
사람들 속을 일일이 어찌 다 들어가 보리오만
최루탄 앞에 터지는 함성 대신
지지배배 지지배배
상처 하나 없이 맑고 깨끗해 보이는
저 많은 지껄임이 내 눈에는

어쩐지 환장할 것 같은 슬픔으로만 보이는구나
한 나라의 상아탑 총장 목이
두부 잘려지듯 그리도 쉽게 날아갔다는
조간신문을 움켜쥐고
다시 한 번 교보문고 안을 둘러보니
으리으리한 대리석 기둥 호화로운 실내장식 앞에
그만 어안이 벙벙해져서
꼭 사고 싶었던 그 책마저 ×같이 보이는구나.

상헌이를 그리워하며

용서할 수 없다고
막 피기 시작하던 페츄니아 꽃잎을
검정 고무신으로 밟던 상헌아
교정의 한낮이 허물어지고
영일이 관제와 더불어
'샘터' 막걸리집에 들어가던 저녁
그때 관영이는 이미 부릅뜬 눈으로
'샘터' 한 구석에서 주먹을 쥐고 있었지
지금은 말을 해도 빛이 나지 않는다.
네가 입었던 윗도리가 교진이 형 것이었는지
네가 입었던 가랭이 짧은 바지가
시목동 어떤 후배네 집에서
그냥 입고 나왔던 것이었는지
지금은 도무지 뼈아프게 기억나지 않지만
검정 고무신 아니면 짜그러진 구두를 신고
매판세력을 꾸짖던 안경 너머
반짝이던 너의 눈매를 잊을 수 없다
203 강의실이었던가
우리가 처음 단식 투쟁에 들어갔을 때
나는 그때까지 철딱서니 없이

詩의 상투형이니 어쩌니 하며 떠들었지만
큰 키로 주먹을 쥐고 단상에 서는
너의 논리엔 언제나 푸른 서릿발이 끼었다
아아 그게 몇 해 한이었던가
그해 공주는 우금치의 원혼들이 다시 살아난 듯
금강의 강물이 노을처럼 들끓었고
산성공원의 벚꽃들은
하얗게 승화된 피처럼 만발했지
그러나 너는 끌려가고 몇 번이나 끌려가고
관영이와 영죽이가 반병신이 되어 풀려나와도
너는 차가운 갈목에 있다는 소식만 들려오고
네가 좋아하던 양금이는
아들을 낳아 튼튼히 기르고 있다는 소식만 들릴 뿐
너를 기다리며 굽이쳐 흐르는 금강물은 말이 없구나.

공주 순두부집 아주머니께

공주에서 포항으로 떠나와도
포항에서 다시 안동으로 떠나와도
순두부집 아주머니
당신을 잊지 못합니다.
포장마차 카바이드 불빛만 깜박거리는
자정도 넘은 깊은 밤
제민천에 오줌을 싸고
오줌과 함께 눈물을 흘려보내고
오오 주여 이제는 그곳에 그들과 함께……를
돼지 멱따듯이 불러제끼던 수많은 밤들을
지금 나만이 생각하는 것이 아니랍니다.
황소처럼 술을 마시던 병성이도 생각할 것이고
지금은 안면도 멀리까지
유배 아닌 유배지로 쫓겨난 재도도 생각할 것이고
멀리 멀리 전라도 남해 돌산도까지 흘러간
장오도 잊지 못하고 있을 겁니다.
종호는 누구며 부처님 마음 병현이는 누구며
새침데기 향순이는 누구며
이름만 대면 다 주마등처럼 떠올리실 아주머니
속 쓰린 데는 계란 노른자가 좋다며

참기름에 계란 노른자까지 타 주시던 아주머니
난로를 부수고 술상을 때려 엎어도
우리를 감싸주던 순두부집
순두부집은 우리들의 작은 역사였고
아주머니 당신은 우리들의 오랜 어머니였습니다.

괴동역*

어디서 오는지 전신주들은
매표창구 없는 괴동역까지
묻지도 않고 잘도 찾아오는데
저희들끼리 양팔 간격 두 팔 벌리고
속으론 잉잉 울면서
용케도 용케도 찾아와서
화물만 내리는 괴동역 불을 밝히는데
헌 쇠붙이만 내리고
석탄에 벙커-C油만 내리고
기차는 와도 와도
사람은 내리지 않고
그 흔한 해장국집 하나 없네
송정리 불**에 해수욕 가던 길목
언제나 우리 동네 내 동네
머슴애들 텃세하며 지키던 괴정동은 어디 가고
삼표철강 강원산업 오리엔탈메탈 공장마다
수입고철 철마다 들어오는가
누가 죽든 누가 살든
불 밝히는 그 한 가지 일만으로
전신주들이 찾아오는

괴동역 사방 오리
포크레인 기중기 검은 굴뚝
하늘을 찔렀지만
십년 전에 도시락 싸들고 나가던
영일만 토박이 노동자들은
오늘은 도시락 싸들고 굴뚝 속으로 들어가네.

* 괴동역 : 지금은 포항종합제철단지가 되어버린 구 영일군 대송면 소재지의 괴정동이 없어지면서 생긴 화물 전용역.

** 송정리 불 : 현재 포항종합제철 본 공장이 자리잡고 있는 곳으로 왕년에 유명한 영일만 해수욕장이 었음. 여기서 '불'은 해수욕장의 넓은 모래사장을 뜻함.

아르헨티나

아들이 돌아오지 않으면
아버지가 행방불명이 되고
그만 어머니는 미쳐버린다는 나라
아르헨티나
한길 가에서 누이들은
검은 차에 실려가서
죽었는지 살았는지 모르고
수녀와 신부도 잡혀갔다 하면
발가벗겨지고
피멍자국 시퍼렇게 들어
어딘가 쥐도 새도 모르게
증발해 버렸다는 나라
아르헨티나
심지어 어느 날은
오늘은 몇 킬로미터에서 몇 킬로미터까지
그물을 치고 고기떼 잡듯
정의와 자유를 말하는 사람들
남녀노소 불문하고 잡아갔다는 나라
아르헨티나
스포츠의 나라 축구의 나라

펠레의 다리에 가려
국민의 80프로가 정신병 증세가 있다는 나라
아르헨티나, 오오 똑같은 군부독재여.

목성동의 9월

교구청 담장 가에
말 못하는 해바라기들은
며칠째 어둠에 묻혀 농성하는
카톨릭농민회와 학생들의
기도 소리를 아는지
사람보다 더 거룩히 고개 숙이고
찢어져 어디론가 사라져버린
성고문 폭로 대회 현수막 펄럭이는
소리
가슴 울리며 들리는 오늘은
1986년 9월 3일 수요일인가
저녁 미사를 보러 온 하느님마저
최루탄 가스에 눈물을 흘리며
거리로 거리로 쫓겨나고
안동시 목성동 성당 입구엔
하낫둘 하낫둘 군홧발 소리만
요란하구나.

5부

빗방울이 되어

生빚 1

한 살을 더 먹으면
내 가슴 열고 빚 받으러 오는 사람
추수하던 낫을 들고
정갱이뼈 찍는 붉은 상처를 감추고
삼 백 육 십 오 일
지나온 아들의 발자국을
꼭 꼭 밟아오는 사람
혹 안부편지라도 한 장 있었나
베개머리 다시 한 번 더듬어 보고
조끼 주머니 구석구석 뒤져보며
흰머리 돌쩌귀 같은 손등으로
오늘은 저기 저 개똥나무 숲을 돌아
몹쓸 놈 찾아
오오 빚 받으러 오는 사람
내 발을 내가 찍어
내 스스로 빚쟁이가 되어 놓고
꿈에라도 그런 마음으로 오지 않을
당신을 욕하는 자식
나는 알아요 당신은 와도 와도
자식은 없고

하늘 땅 끝까지 싸락눈만 내리는 줄을.

生빚 2

오래 만나지 못한 사람끼리는
서로서로 티끌처럼 작고 많던
그리움이 쌓이고 쌓여서
그리움도 그만 여러 해 빚이 되는구나
그것이 오히려 미움도 되고 죄가 되어
어느 날 잠시 만난 자리
부끄러움 감춘 눈동자만 바라보다
겨우 그릇 바닥에 깔린 물 같은 사랑으로
가슴 적시며 돌아와야 하는구나
돌아와 또 곰곰이 나날 가고
몇 해째인지도 잊어버린 겨울 바람소리
웅웅 시멘트 담장 밑으로 스러지는 날
도시락 던져 놓고 나는 문득
풀리는 오후의 눈처럼
어두울 때까지 녹아 떨어지네.

박수

손바닥 두 개가 같은 뜻으로
터질 듯 소리를 내니
그 하나가 된 소리를
박수라 부른다
내 몸 중에 양쪽으로 떨어진
살과 살이 맞닿아 나는 소리 중에
이렇듯 가장 완전한 소리를 내는
그것을 박수라 부르거늘
나는 제대로 그 박수 한 번 쳐 본 적 없네
차마 못 이겨 박수를 치는 순간이면
온 전신이 간지럽고 쑥스럽고 부끄러우니
내 가슴 아직 하나가 되려면
내 가슴 하나가 되어
내 형제들과 더불어 울 수 있으려면
나는 얼마나 더 욕되게 살아야 할지 알 수 없네.

아들아

소수점 이하로 살 결심으로
반올림해야 겨우 3이나 6이 될 결심으로
극장식 스탠드 빠아 항공모함에서
스트립쇼를 구경했다는 건 거짓말이다 아들아
작은집 니 셋째 형은 용접을 해서
벌어 모은 돈으로 장가를 가고
국민학교만 나온 니 동창 玉이는
피혁공장인가 베 짜는 공장인가
촌 가시나를 버린다는 부산 어딘가 내빼더니
웬걸 떡두꺼비 같은 아들 들쳐업고
고혈압 지 애비 약 사들고 온다는데
논밭떼기 팔아 니 동생까지 못살게 하며
사람 하나 만든다고 대학공부 시켰더니
고작 반올림해야 3이나 6이 될 결심을 했느냐 아들아
하룻밤 새 보리 한 섬 값을
송두리째 마셔 버리고
하현달 앞세워 집구석에 들어왔다는
네 녀석의 말은 거짓말이다 아들아
이 애비사 회갑을 못하면 어떠노
진갑을 못하면 어떠노

이 늙은이 두 눈에 흙이 들어가기 전에
조합빚만이라도 니 손으로 갚아다오.

영주에서

성 누가병원 위를 쳐다보았다
아직 비는 내리지 않고 있었지만
가슴엔 종창이 난 비가 내렸고
행인들은 두 눈을 부릅뜨고 지나갔다
힘없이 고개를 떨구면
무분별했던 어제의 술잔 속에 떠오르는
고향의 늙은 아버지 어머니
흠뻑 젖은 심장을 쥐어짜서
가로수 가지 위에 걸어 놓고 싶었다
언제나 효도는 마음에만 있었지
주인 잃은 개처럼
어슬렁 어슬렁 뒷골목으로 사라져 가버렸고
여자의 가슴을 더듬었던 수치스런 손에
간신히 동전 몇 푼이 쥐어졌다
아아 그치지 않는 이 가슴의 비
얽히고설킨 전선을 따라
귓전을 따갑게 윙윙거리며
이미 세상의 봄은 지나가는데
어디로 어디로 가서
살아온 속을 고스란히 털어놓고

내 나이 몇 살이냐고 자문해 보랴.

짐승

배고픔을 면할수록 점점
부모형제 얼굴을 잊고 산다
산을 넘어가는 저녁해 위에 앞날을 걸며
집으로 돌아간 적도 없고
내 그림자가 거인처럼 커져서
길가에 큰 미루나무 그림자들과 함께
강물에 깊이 잠긴 일도 없었다
월요일부터 목요일까지
아직도 깊은 동면에서 깨어나지 못한
일기장에 불을 사르고
금요일에야 겨우
장기 결석생 호욱이를 찾아 나설 뿐
형님에게 조카들에게 소식 한 번 묻지 못했다.
고향의 못자리에
물은 넉넉한지, 비닐은 바람에 날려가지 않았는지
이제 나의 뿌리는 뽑혀져 말라가고
밤마다 올바로 살아가는 길은
흉몽 중에 나타나지만
눈을 뜨면 짐승 한 마리 살아남아
꿈틀 꿈틀 영혼을 팔고 있었다.

바다 1

명태를 사 가는 사람은
명태의 입 속에서 꼭 다물고 있는
바다의 무리도 함께 사 간다
바다는 물새 발자국 하나 지우고
어쩌다 방파제 하나쯤 무너뜨리며
늘 그 자리에서
용서하고 또 용서하고 있지만
명태나 청어 몇 마리
조기나 고등어 몇 마리
때로는 멸치 몇 마리라도 내보내면서
조금씩 조금씩 우리를 다스린다
명태의 입 속에서 꼭 다물고 있는 바다
청어의 뱃속에서 끈질기게 귀 기울이고 있는 바다
명태의 아구를 따면서
청어의 배를 가르면서
당신은 혹
그런 바다를 만나지 못했나요
날카로운 칼날에 베어지면서도
소리 한 번 내지 않는
종교 같은 바다를 만나지 못했나요.

빗방울이 되어 1

하루를 벌어
하루를 살지만
청빈하게 사는 사람들의
마음 꼭대기에
떨어지면서
비틀 비틀
中心을 잃을 수는 없다
떨어지는 순간
서로 꼭 꼭 부둥켜안고
사방으로 뻗어가는
비닐우산 대나무 살과
오직
한 뜻으로 울 수밖에 없다.

빗방울이 되어 2

천둥을 따라가서
번개를 따라가서
개도랑 조약돌 틈에 살다가
송사리떼 몸 속에 들어가 살다가
송사리떼 다 말라 죽을 때까지 살다가
결국 우리들은 다 죽고 말았어요
雨神이 어디 있어요
쫙 쫙 갈라진 논바닥 틈은
논바닥이 아니었어요
살려고 들어가 보니
눈물의 골짜기였어요
송아지 무릎이 잠기도록
명아주 풀 자욱한
늙은 농사꾼의 가슴속이었어요.

빗방울이 되어 3

줄 서는 법도
제대로 모르는 채
강물이 되었다가
저수지가 되었다가
돌이킬 수 없는 가뭄에 한숨이 되거나
억울한 주검이 되어 버렸지만
우리는 다시 손잡는 법부터
배워 나가기로 했다
뼈대만 남은 둑길 벽돌공장의 허리를 돌아
모래 먼지 일으키는 바람 부는 날
한 장의 벽돌 속에서
모래와 모래 사이의 끈끈한 인정이 되어 살고
흙의 살 속에 흙의 핏줄 속에 스며들어
흙의 고통과 함께 살아가기 위해
우리는 이제 하늘에서부터 뭉치기로 했다
다시 한 번 부활하기로 했다.

근방의 쥐새끼들까지 챙피해서

　내가 사는 옆방의 부부는 남자도 여자에게 개새끼, 여자도 남자에게 개새끼라고 한다. 내가 사는 앞집 부식가게 부부는 이혼소송을 한다고 남자는 오토바이로 여자는 직행버스로 청주까지 갔다가 서로 길이 엇갈렸다며 돌아오곤 한다. 내가 다니고 있는 학교 근처 선술집 남편이라는 사내는 마누라의 술장사가 제법 짭짤하면 뺀들뺀들 코빼기를 보였다가, 학교가 문을 닫고 휴지들이 쓸쓸하게 뒹굴면 작은마누라 사는 곳으로 가서 아주 소식을 끊어 버린다고 한다. 하여간, 경운기 정도 운전하는 걸 가지고 포크레인 기사라고 속여 장가를 가고 애들 둘이나 낳을 때까지도 낮잠 자다 심심하면 투망질이나 나가는 자가 내가 사는 집 주인이고 보면 근방의 쥐새끼들까지 챙피해서 쥐구멍을 나올까 말까 하루에도 몇 번씩 망설이곤 한다.

가랑잎 카랑잎

퇴근길 발 앞에
가랑잎이 굴러간다
가랑 가랑 소리를 내다가
내가 뚫어져라 바라보니
갑자기 카랑 카랑 소리를 낸다
겨울엔 가랑잎이 카랑잎이 되어
내 가슴 후벼 파고든다
영등포 어디 정비공장에서 일하는
막내아우의 편지를 받은 탓인가
겨우 세 끼 밥을 먹고 살 텐데
그래도 돈 부쳐 달라고 하지 않는
막내를 생각하니 더욱 가슴이 아프다
가랑잎 카랑 카랑
굴러가는 소리
그 소리 속에는
셋방살이 하는 우리 형수
새벽 쌀 씻는 소리 들려오고
서울의 막내동생
천 원짜리 지폐 한 장
꼬깃 꼬깃 닳도록 만져보는 소리 들려온다.

목수들이 돌아가고

목수들이 돌아가고
늦은 저녁의 개들처럼
어슬렁어슬렁 미장이들이 새로 오던 날
부식가게 아저씨는
고등어 한 마리라도 손해 본다며
떠돌이 생선장수 영감과 쌍욕을 하며 싸웠다.
미장이들의 잠바
미장이들의 신발
그들의 시커멓고 붉은 코,
개밥에 도토리 같은
그들의 아래위를 훑어보며
처자식을 고생깨나 시키겠다고
아주머니는 험담을 늘어놓으면서도
돌아서서 눈웃음을 흘렸다.
사시사철 일 없이 빈둥빈둥 낮잠이나 자는
빌어먹을 남편과 배가 터지도록 처먹으려는
어린 두 딸년을 생각하면
그들의 몰골이 무슨 대수이랴
그런 미장이들이라도 딴 집에 뺏기지 않을
궁리를 하는 수밖에

이런 밥장사가 될 줄이야
꿈엔들 생각했을까만
배를 곯을 수는 없어
이판저판 해본 일 이제 이력이 나
주인아주머니는 겉으로 헤헤 그럴 줄도 알며
여름 내내 키워 온 토끼를 잡아
술안주로 내놓으면서 아양을 떨었다.

삼청동을 떠나며

눈이 얼어붙은 육교를 오르내리며
우리는 자주 팔을 붙잡았다
청량리발 제천행 특급 열차표를 쥔 손등 위로
삼청동의 칼빛 같은 눈은 내리고
이미 우리들 손을 빠져나간 교육원 연수비와
십칠만 원 너의 한 달 하숙비에도 눈은 나려
우리는 오른손 왼손
번갈아 가방을 옮겨 쥐며 팔을 붙잡았다
삼청동 굳게 잠긴
괴물 같은 저 대문과 정원을 보라
그리고 눈 녹은 물이 새어 들어오는
우리의 젖은 신발을 보라
어젯밤 얼어붙었던 뼈마디 마디를 돌고 돌아
우리들 두근거리는 심장 두 개의 방을 돌고 돌아
분노를 몰고 일어서던 피가
눈길에 미끄러지는 우리들 발목에서
소스라치며 곤두박질칠 때도
우리는 어머니를 부르는 대신
씨팔을 먼저 내뱉으며 팔을 붙잡았다.

제천에서

눈은 내려 군고구마 껍질에 떨어지고
그 떡가루 같은 눈이 녹아 버리듯
군고구마 달콤한 살이 입속에 녹아 들어갔다.
제천시장 동쪽으로 흐르는 하천 아래로
오늘은 무슨 기막힌 아픔들이 흘러가는지
포장마차 그마저 뜯기우고
먹고살 길 막연한 어느 여편네의
죽지 못해 사는 팔자가 흘러가는지
어디서부터 무엇이 시작되고 끝이 나는지
얼어붙은 생선 위로
미처 들여놓지 못한 파묶음이나 미역다발 위로
결코 알 수 없다는 듯이 눈이 내리고
뭐든지 다 법대로 하겠다는 세상
우리는 골이 비어 버린 것처럼
삼백 원 주고 군고구마 두 개를 사 먹으면서
열세 식구 먹여 살리려면
부지런해야 한다는
군고구마 아주머니 이야기를 귓전에 흘리며
눈 속의 목적지 포장마차를 찾아다녔다.

첫딸을 낳고

1987년 4월 13일
새벽 4시 반
내 나이 서른둘이었다
빛 밝아오는 조그만 창 앞에
나는 무릎 꿇고
지난 날 살아온 내 죄를
한꺼번에 용서해 준
하느님께 기도를 드렸다
동대구 파티마병원에서
창백한 아내와 핏덩이 같은 딸의 얼굴을 보고
성호를 그으며 뉘우쳤다
아이야, 네가 엄마 뱃속에 있을 때
나는 너를 위해 아무것도 한 일이 없는데
너는 이렇게 하느님의 사랑으로
건강하게 이 세상에 왔구나
갓 태어난 나의 딸아
너의 이름은 오늘부터 '열림'이다
정'열림'이다
이제 너는
내가 열 수 없는

이 세상을 하나씩 열어 가는
소중한 열쇠가 되어 다오.

제2시집 『슬픈 눈』

1부

해직의 봄

해직의 봄

아이들이 노는
국민학교에 가 보았다
목에 파란 띠를 두른 봄도 있었고
머리에 노란 댕기를 묶은 봄도 있었고
서로 고무줄을 넘으며
노래하는 봄도 있었다
그런가 하면
막 눈을 뜬 염소 새끼처럼
눈망울을 반짝이며
운동장을 뛰어다니는 봄도 있었다
그런 봄들은 모두
새 학년도 되고
새 연필 새 지우개도 되는데
나는 그 많은 봄 하나 못 되는가
일어서며
구두끈을 다시 졸라매고
하늘 한번 쳐다보니
또렷이 나타나는 분필 한 토막
아아 배가 고프다
봄이 먹고 싶구나

그래 너희들과 어울려 살아가는
교정의 봄이 되고 싶구나
너희들 잔등마다 눈부시게 내려앉는
따사로운 봄볕이 되고 싶구나.

개학날

개학날 이발소 아저씨만 보고 돌아왔습니다
개학날 교문만 바라보고 돌아왔습니다
육성회, 어머니회 간부들의 싸늘한 눈총만 보고 돌아왔습니다
당신이 학교에 들어가면 당신을 보고
우리 아이들이 눈물을 흘릴 테니
제발 당신은 우리 아이들이 눈물 흘리지 않도록
교문 앞에서 좋은 말 할 때 조용히 돌아가 주시오
이렇게 평생 가슴에 박혀 못으로 남아 있을 말을 듣고
교문 앞에서 소백산 죽령까지 강제로 끌려갔다
물에 가라앉은 돌멩이처럼 발버둥도 없이 돌아왔습니다.

너희들에게 띄우는 가을 편지

교정의 등나무 아래 긴 의자 위에도
맨드라미 자줏빛 씨처럼 가을 햇살이 떨어지겠지
삼삼오오 도시락을 들고
뒤뜰에 나가 점심을 먹던 너희들의 얼굴이
오늘은 유난히 그립게 떠올라
교문 앞 은행나무 가지들이 더 앙상하게 되기 전에
이렇게 시를 쓰듯 몇 줄의 편지를 띄워 보낸다
미술실 위로, 강당 옆 키 큰 포플러나무 잎새 사이사이로
푸른 물 흐르듯 가을 하늘이 비치는 서쪽
테니스장 부근에서
대빗자루를 들고 낙엽을 쓸고 있는 너희들 모습이
눈 감아도 선연히 떠오르고
선생님들이 영가식당에서 시켜 드시던
칼국수 냄새도 구수하게 풍겨 온다
그래, 정말 나는 이곳에서
소백산 너머 단양에서
미술시간 수업 타종소리를 듣고 있단다
'마지막 인사도 나누지 못하고 떠나가신 선생님
뵙고 싶어요. 건강은 어떠세요?'
이렇게 너희들이 보낸 편지를 읽고 또 읽으며

날마다 아침마다 학교 갈 시간이면
너희들이 보고 싶어
죽령 너머 안동의 하늘을 눈물 적셔 바라본단다.

幻聽
– 해직 한 달

　체육시간이라 급한 김에 그만 누가 수도꼭지 잠그는 걸 잊어버리고 뛰어나갔을까 안동복주여중에서 수돗물 떨어지는 소리 죽령 너머 단양의 내 방에까지 들려온다.

교정에 해바라기들은 피어납니다

교정에 해바라기들은 피어납니다.
순백한 처녀 선생님들이
쌍년, 빨갱이년 소리까지 들어가며
뺨을 맞고 잡혀가는데
은행잎은 노랗게 물들어 갑니다.
어린 딸과 늙은 부모님의 얼굴이
교문과 유리창에 나타나
비수처럼 폐부를 찌르는데
가을은 옵니다.
교정에 과꽃은 피어납니다.
푸른 하늘 아래
살아, 사랑은 희생이라고 가르쳐 보자는데
칠판과 교실을 빼앗아 갑니다.
출석부와 교무수첩을
미술실 열쇠와 캐비넷 번호를 빼앗아 갑니다.
그리고 개 끌리듯 끌려가는데
가을은 옵니다.
피멍 든 교정에 해바라기들은 피어납니다.

시험

가을이 오는 것보다 먼저
도 학력고사가 교정을 덮고
아이들은 잊어버렸다
이 시험 비상경계 속에
가을이 오는 것도 잊어버리고
은행잎 책갈피에 끼우는 것도 잊어버리고
우리나라 가을 하늘이 푸르다는 것도 잊어버렸다
교문 담벼락에서부터 드리워 선
저 시험의 그림자
복도와 교실, 유리창 틈까지 끼어 있는
시험의 무서운 그림자
아이들의 눈짓, 손짓에도 시험은 묻어 나오고
책상 서랍을 열면
서랍 속에서도 시험은 기어 나오고
떨어진 분필 한 조각 주워 들어도
시험은 아프게 손가락을 찔러 오는데
아아 교정에 과꽃은
왜 저리 야속하게 피어나는가.

비 뿌리는 교정을 들어서니

신열을 앓고
학교에 나오는 날
나뭇잎들, 가까이서 멀리서
무섭게 술렁, 술렁이고
시곗줄 늘어진 야윈 손등에 비가 뿌린다
비 뿌리는 교문을 들어서니
창문을 열고 칠판지우개를 터는 아이들
수돗가에서 컵을 씻고 걸레를 빠는 아이들
아이들의 등뒤로
검버섯 피어 죽어가는 칠판이 보인다
벌써 해바라기 키는 자라
1학년 5반 복도 창문턱을 넘고
동쪽 현관 맞은편에
은행나무는 큰 믿음처럼 우뚝 서 있는데
장마구름 흘러가는 본관 건물 꼭대기 위로
해직교사의 가파른 길이 보인다
그러나, 놓을 수 없다
죽어가는 칠판을 살려 내려고
온몸이 피투성이가 된 교원노조의 분필 한 토막
끝까지 움켜쥐고 결코 놓을 수 없다

오늘, 징계위원회의 출석 통지서를 받고
마지막이 될지 모르는 학교에 가는 날
기어코 빗방울 몇 개가
핏방울이 되어 가슴에 번진다.

결심

교정의 나뭇잎새들을 등뒤로 하며
지난 봄 아이들이 뿌려 둔
화단의 꽃씨가 꽃을 피우는 것을 보며
벽 모퉁이를 돌아서서 어깨를 들먹이며 울고 있는
옆자리 처녀 선생님을 보며 결심한다.
이 목숨 다할 때까지
전국교직원노동조합을 지켜 나가기로 결심한다.
때문고 정든 미술실의 짐을 꾸려 나오며
솟구쳐 오르는 눈물을 훔쳐 버리며
유리창에 머리를 박고
내 몸에 피 한 방울 바닥날 때까지
저 외세와 그 하수인들을 쓸어 내고
우리 아이들을 지켜 내기로 결심한다.
이 민족의 미래를 구해 내기로 결심한다.

3월과 확성기 소리

멍이 들었다 3월
시퍼렇게 멍이 들었다
멍자국 번지는 틈마다
3월이 왔다
확성기 소리로 3월이 왔다
어제는 시업식 한다며
오늘은 입학식을 한다며
확성기 소리로 사람을 울렸다
낯선 학교지만
국민학교 중학교 고등학교가
눈앞에 나란히 보이고
담임 발표하는 소리
신임 교사 인사하는 소리
송곳 되어 가슴을 찔러 왔다
아파트 베란다로
매일 매일 3월의 소리는 달려와서
해직교사를 울렸다
소백산 첩첩
유배지 같은 단양에서
확성기 소리처럼

증폭되는 그리움
아이들 곁으로 돌아가고픈 그리움.

님은 스물 일곱이었습니다
– 고 배주영 선생님 영전에 삼가 바칩니다

님은 스물 일곱이었습니다
님은 스물 일곱 샛별 같은 선생님이었습니다
님은 전교조의 새벽이었습니다
1990년대의 문을 여는
전교조의 첫새벽, 스물 일곱이었습니다
1990년 2월 19일 새벽,
마침내 새벽을 온몸으로 열어 놓고
그 새벽을 안고 눈을 감다니
아닙니다 정녕 아닙니다
님은 눈을 감지 않았습니다
우리는 믿을 수 없습니다
님의 눈동자는 청노루 눈망울처럼 반짝이는데
어깨에 책 보따리며 전교조신문 보따리를 둘러메고
생글생글 웃으며
막차시간 맞추어
안동에서 청송으로 지금도 저기 저렇게 꿋꿋이 고갯마루 넘고 있는데
님이 우리 곁을 떠나다니
믿을 수 없습니다
도리질을 합니다
도리질을 하며 오열합니다

초임 발령 때부터 경북에서 가장 오지인
산간벽촌 봉화에서 순수한 정열을 불태우다가
청송군 진보면 벽지에서
살을 깎는 아픔으로 아이들을 가르치다가
지난 해 5, 6, 7, 8월
그 질기고 잔인한 더위와 탄압의 칼날에도
무릎 꿇지 않았던 선생님
바닥으로 내려가면 갈수록
더욱 무릎 꿇지 않는다며
끝끝내 굽히지 않았던 님이여
아이들의 울음바다 속에서
아이들의 내일을 위하여
민족의 내일을 위하여
의연히 쫓겨나시던 님을 기억하며
우리는 몸부림칩니다
유난히 펑펑 눈이 나리던 폭설의 겨울도 가고
마늘 싹이 파랗게 돋아나는 봄이 오는데
봄이 오면 그리운 신랑 맞아 시집가기로 한다더니
안동의료원 차가운 영안실에 님은 잠들어 있다니
하느님도 진정 너무 야속합니다

하늘을 향해 삿대질을 하고
땅을 향해 발버둥치며
통곡하면서도
님이 영원히 잠들었다는 것을
우리는 결코 믿을 수 없습니다
우리는 바보같이 울어도
님은 살아 있습니다
개나리처럼 피어나 웃고 있습니다
진달래처럼 피어나 참교육을 외치고 있습니다
이 땅이 나를 버려도
나는 이 땅을 버리지 않겠다던
이 땅이 나를 버려도
나는 이 나라의 아이들을 버리지 않겠다던 님이여
어떤 일에도 자신의 이익을 내세워
비겁해지지 말자고, 의지를 꺾지 말자고
단식하며 맹세하던 님이여
동터오는 전교조의 앞마당에
민주교육의 나무 한 그루로, 무성한 푸른 잎새로 돋아날 님이여
님은 가시지 않았습니다
님은 민주주의로 살아 있습니다

님은 참교육으로 살아 있습니다
님은 민족 · 통일의 교육으로 살아 있습니다
다만 님은
일제 식민지 이래
티끌만치도 변하지 않은 졸업식장처럼
반민족, 반민주, 파쇼와 외세의 앞잡이들에 의해
꽃다운 나이로 쫓겨났고
그들은 그것도 모자라
또 다시 님을 죽음으로 몰고 갔지만
님은 오히려 영원히 피어나는 참교육의 꽃으로 부활하고 있습니다
아아 배주영 선생님
우리들 가슴에 부활한 참교육의 꽃이여
님을 주검으로 몰고 간 저 반역의 무리들 앞에
우리들 한 사람, 한 사람은 모두 무기가 되어
님이 피워 낸 꽃을 지키며
그 길을 따라갈 것입니다.

북한 선생님께

2학기 환경정리를 하면서
동족을 적으로 가르치는 게시란을 뜯어내고
스웨덴 '구나르손' 기자가 찍었다는
백두산 금강산 천연색 사진과
북한 동포들의 생생한 생활 화보를
'한겨레신문'에서 오려 붙이면서
북한 선생님, 당신의 교실을 생각해 봤습니다
당신의 학교 복도에도 우리 학교 복도처럼
동족끼리 찌르고 쏘아죽인 부패한 시체들의 사진을
액자 속에 판넬 속에 포장해서
교훈으로 삼아라 걸어 두지 않았는지요
당신의 학교 교실 뒤 게시란에는
'반공란' 대신에 무슨 란이 있나요
'승공란' '멸공란' 대신에 무엇이 붙어 있나요
동족의 잘못이나 가난함을 과장하고 강조해서
한 핏줄 한 형제를 원수로 가르치는
그런 환경정리는 해 놓지 않았는지요
2학기 환경정리를 하면서
평양의 거리 지하도 입구 사진을 붙이면서
대동강 강변에서 트럼프 놀이 하는 사람들,

보트를 타는 한 쌍의 연인들 사진을 붙이면서
아이들은 고개를 흔들기 시작했어요
원산 송도원 해수욕장에서 피서를 즐기는 아이들과
어린이 공원에서 회전그네를 타는 아이들 사진을 붙여놓고
끝으로 '금강산에 수학여행 갈 날 기다린다'
큰 제목으로 붙여놓고, 그래도
우리가 배운 것하고는 너무 다르다며
아이들은 자꾸 고개를 흔들기 시작했어요.

1989년 5월 28일
참았던 눈물 흘러내리는구나

1989년 5월 28일.
오늘은 비로소 교정의 태극기가
태극무늬 가슴 한복판을 활짝 펴고
"교원노조 만세" 소리치며
5월의 푸른 하늘에 나부끼는구나
이 나라의 방방곡곡
학교 꼭대기, 꼭대기마다
"참교육 만세" 함성치며 물결치는구나
1989년 5월 28일
아아 오늘에야 비로소
30만 교사들의 발목과
1천만 학생들의 이목구비에 채워졌던
독재교육의 쇠사슬과 자물통 끊기는 소리 들리고
이 나라의 교실 곳곳에 갇혀 있던
책걸상과 교과서들이 살아서 꿈틀거리기 시작하는구나
8·15 해방 이후
4·19 그 아침 이후
다시는 권력의 도구가 되지 않기 위해
일어서는 전국교직원노동조합.
오송회사건, 야학연합사건, 상록회사건, 민중교육지사건

수많은 민주교육의 탄압을 떨치고
다시 일어서는 칠판 다시 일어서는 백묵
파면 · 구속 · 원천봉쇄 · 의식화 매도 속에서도
다시 일어서는 교실 다시 일어서는 운동장
그리하여 오늘 조국분단 45년 5월 28일
드디어 민족교육의 부활을 위해
전국교직원노동조합이 결성되었구나
인간화교육 · 통일교육의 새아침을 열기 위해
끌려가고 잡혀가는 저 참스승의 어깨 위로
깜깜한 어둠이 걷히고
어금니 깨물며 두 주먹 다시 쥐며 참았던 눈물이
선생님들의 가슴을 타고
선생님들의 두 볼을 타고
뜨겁게 흘러내리는구나.

쫓겨난 학교, 그리워 찾아가니

쫓겨난 학교 그리워 불시에 찾아가니
아침부터 오던 비 그치고
가슴은 애인 만나러 갈 때처럼 두근거리는구나
선생님들 오랜만인지라
모두들 자리에서 걸어 나와
악수하며 맞이하는데
유독 두 사람만 벌레 씹은 상이구나
굳이 말하지 않아도 알리
그 두 사람이 누군지
교직원노조 가입했다는 그 이유 하나만으로
내가 정든 학교를 쫓겨난 뒤
아이들 불러 모아 놓고
그 선생님에겐 편지도 하지 마라
길 가다 만나면 인사도 하지 마라
아는 척도 하지 마라 했다는
비정한 두 사람의 교육관료
내가 무슨 흉악범이라도 되는가
4년 동안 내 힘닿는 데까지 아이들 가르쳤는데
더구나 스승은 부모 대신 간다는데
위로 편지라도 해 드려라 그 말은 못할망정

정말 해도 너무 했구나
오늘은 마침 학교에 나온 김에
참말로 내가 흉악범이라도 되는가 싶어
쉬는 시간에 2층 복도로 한번 올라가 보니
아아, 아이들은 살아 있구나
나는 흉악범이 아니구나
교실마다 복도마다
내 앞으로 달려나와 환호하는 저 아이들
그래 나는 강제로 쫓겨났지만
나는 너희들의 선생이구나
너희들은 나의 제자들이구나.

자취생 미숙이

미숙아 시골에서 아버지 어머니는 자주 오시느냐
연탄 살 돈은 있느냐
그 소리에 그만 미숙이는 손등으로 눈물을 찍는다
고마워서가 아니라 서러워서 눈물 찍는다
같이 있다는 언니는
이미 어디론가 나를 피해 가버리고
대문도 없는 마당에 깨어진 벽돌 조각만 밟힌다
어둠은 시들어 늘어져
마른 호박 줄기에 칭칭 감기는데
두 평 조금 넘을 듯한 싸늘한 냉방
열 달에 14만원이라는 방구석 한켠에서
중학교 1학년 어린 자존심은 분노한다
가난하다는 것을 보이고 싶지 않았는데
1년이 다 가도록 한 번도 와 보지 않더니
선생님이 뭐냐 이제 와서 남의 가난을 송두리째 훔쳐보느냐
이렇게 말하는 듯
충혈하는 미숙이의 빨간 눈두덩을 보며
고개 숙이고 나는 돌아선다
공납금 늦게 낸다고만 했지
큰 관심조차 못 가졌으면서

연탄가스 중독사고로 이웃 학교 여고생이 죽었다고
학교마다 난리를 떨어대는
이제야 부랴부랴 가정방문 핑계 삼아 너의 자취방에 와 보니
연탄가스는커녕
3월에서 11월까지
아궁이에 연탄 한 장 피운 적 없구나.

돌멩이 하나
– 김명자 간사님을 위하여

응달 한 모서리에
돌멩이 하나 박혀 있습니다
하루에 한두 번쯤
내리쪼이는 햇살에
유난히 빛나는
돌멩이 하나 있습니다
응달에서 제 몸을 녹여
저절로 응달을 양지 바른 곳으로 만들어 버리는
사랑과 눈물이 있습니다
그 모든 따뜻함을
한 보따리에 짐 싸듯
묶고 챙기다 보니
그만 돌멩이가 되어 버린
커다란 희생이 있습니다
하루에 한두 번쯤
빗살같이 지나가는 햇살에
유난히 반짝이는
돌멩이 하나
그러나 눈먼 사람이 하도 많은 세상이라
그 찬란함을 아무나 볼 수가 없습니다.

7월의 교실에서

방학생활 계획표를 만드는 미술 시간
7월의 교실 창문엔
언제 왔는지 온갖 슬픔의 무리들이
하염없이 우리를 내려다보고 있다
하늘과 나무와 침묵이
그 슬픔의 무리들 등뒤에서
미래를 짐작하는 예언자의 자세로 섰고
하늘은 저녁 6시쯤 고통스럽게 신음 소리를 내며
어둠을 뚝뚝 짓뜯고 한줄기 비를 내리게 하려는지
아무도 모르게 병을 간직한 사람의 가슴을 아프게 한다
책상과 책상 사이
아이들 곁을 오락가락 하며
운동선수의 빈 의자에 잠시 앉았다가
아이들 소곤거림 속에 귀가 열리고
콤파스로 시계 모양 동그라미를 그리는
푸른 잠바의 아이에게 문득 눈을 주면
그 틈을 비집고 내밀어 오는 손
오오 동지들의 땀 젖은 손.

나는 죽어서 말합니다

나는 김수경입니다
나는 아름다운 꽃이 아닙니다
나는 자유롭게 하늘을 나는 새가 아닙니다
나는 피어나지도 못했습니다
나는 한 번도 날아보지 못했습니다
그런 나를
누가 한 송이 꽃이라 부르는가요
누가 한 마리 새라고 부르는가요
나는 떠돌고 있습니다
대구의 어두운 밤하늘을 한 바퀴 간신히 돌다가
어느 날은 우리 교실 복도 창문 너머로 기웃거리며
어느 날은 학교 담벼락에 왼종일 붙어 서서 흐느끼며
차라리 원귀처럼 떠돌고 있습니다
나는 살아서 하지 못한 말
죽어서 말하고 있습니다
죽음만이 선택의 자유를 누리게 합니다
살아서 진실을 말한다는 것이
얼마나 무모한가를 알았기에
나는 죽어서 말하고 있습니다
나는 꽃이 아니라 칼이라고 말입니다

나를 죽인 자들,
지금 이 순간에도 양심적인 선생님들과 학생들을
거리로 내몰고 있는
그들의 심장 한가운데 내리꽂히는
한 자루 날카로운 비수라고 말입니다
비겁한 이 나라 교사들의 가슴에 날아가 박히는
피눈물 맺힌 화살이라고 말입니다
나는 진정 새가 아니라 돌멩이라고
아니 방금 깎아낸 시퍼런 대창이라고 말입니다
아아 나는 이제 눈물도 바닥이 났습니다
나보다 먼저 죽은 나와 똑같은
내 친구들을 만나도
나는 더 울 수조차 없습니다
나는 정말 화안하게 웃는 꽃이 아닙니다
저 푸른 창공을 훨훨 나는 새가 아닙니다
죽어서 진실을 말할 수밖에 없었던
죽음이라는 마지막 무기를 택할 수밖에 없었던
나는 열여덟 김수경입니다.

* 이 시가 만에 하나라도 고인의 뜻을 욕되게 하는 것이 되지 않길 삼가 고인 앞에 간절히 비옵니다.

2부

봄이 되면
김치를 먹을 수 있으려나

원주역에서

차 시간을 기다리며
가눌 데 없는 마음으로 역전 다방에 와 앉는다
계절만 겨울로 가는 것이 아니라
내 눈동자와 내 속을 흐르는 피도
겨울로 가는 것인가
뼈들의 선이 뚜렷이 나타나는 손등을 내려다보며
내 몸도 겨울 가랑잎처럼
바싹 말라가고 있음을
나는 두려워하고 있다
인연과 혈연을 두려워하고
그렇게 실타래처럼 감긴 사랑을 두려워하고
죽음을 두려워하고 있다
몇 차례의 내시경 검사 속에
봄 · 가을이 저물고
다시 폐까지 정밀 검사하겠다는
원주 기독병원 호흡기 내과의사의 얼굴이
가까스로 지워지는 자리
아내의 얼굴이 떠오르고
흰 눈 꽃송이 같은 어린 딸의 얼굴이 떠오르고
보도블록 위에 찍힌 얼룩진 발자국 같은

심상의 여기저기에 떨어지는
아아 구멍 뚫린 플라타너스 넓은 잎사귀
이리저리 흩어지는 그 잎사귀를 보며
고개를 가로젖는다
가슴 속 깊은 곳에서 울렁여 오는
굵고 단단한 멍울 덩어리 하나 억눌러 삼키며
시계를 본다
그리고
힘주어 차표를 움켜쥔다.

봄이 되면 김치를 먹을 수 있으려나
― 투병 · 1

1년 넘게 김치 맛을 모르고 살았다
처음엔 고춧가루를 씻어 내고
깍두기며 배추김치를 먹어 보다가
그마저 속이 따갑고 받질 않으니
산다는 맛을 잊고 살았다
내 보기 미안해하면서
가끔 벌겋게 김치를 먹는 아내를 보며
침만 꿀꺽 삼킬 뿐
겨울 내내 김치 한쪽 찢어 먹지 못했다
봄이 되면 김치를 먹을 수 있으려나
봄이 되면 알타리무 총각김치도 먹고
움푹 패인 눈동자 살아나
아이들 곁에 돌아갈 수 있으려나
동지들 곁에 돌아갈 수 있으려나
교문 담벼락 너머 목련나무 눈 뜨고
아이들 새 책 받고 새 친구들 만나면
나도 김치찌개 먹고
학교로 돌아갈 수 있으려나
동지들아, 아이들아
참대밭에 새순 돋아나는 봄이 오고

노동자 농민 학생들이
벌떼처럼 일어나
꽃병의 불꽃처럼 너울너울 타오르면
나도 병상에서 일어날 수 있으려나
일어나 전교조 깃발 펄럭이는
4월 하늘 우러르며
김치처럼 맵고 짜게 너희들 가르칠 수 있으려나.

맨밥을 먹는다
— 투병 · 2

맨밥을 먹는다
살기 위해서
맨밥을 먹는다
건강을 잃는다는 건
적들에 대한 이적 행위다
김남주 형의 옥중시를 이빨로 깨물며
맨밥을 먹는다
한창 자라나는 어린 딸아이를 보며
딸아이의 눈 속에 돌아오는 새봄을 보며
맨밥을 씹는다
오십 번 씹어 보다가
일백 번 씹어 본다
정월 대보름 지나고
파릇이 쑥은 돋아나는데
나는 맨밥을 먹는다
텔레비전에서는
온갖 양념 골고루 뿌리며
아침의 요리 시간이
구미를 돋구는데
고기는커녕 맨밥을 먹는다

죽지 않고 살아서
이 병을 이기고 살아서
질경이 뿌리처럼
다시 돋아나
정말 질기게 살아가기 위해서
맨밥을 먹는다.

病

내 몸을 내가 너무 학대했다
내 몸을 내가 너무 탄압했다
내 속은 지금 나에게 반기를 들었다
아무리 내 몸인들
그토록 수많은 수많은 날을
걸핏하면 배를 굶은 채
독한 소주로 탄압받았느니
가만있을 턱이 있는가
나이 서른다섯을 못 넘기고
몸이여 드디어 반란을 일으키는구나
밥을 먹으면 밥을 거부한다
고기를 먹으면 고기를 거부한다
그저 목숨을 유지할 만큼
조금 받아들일 뿐
위장에서 소장에서 대장에서
일치단결하여 공급을 거부한다
오만 가지 약을 써도
좀처럼 진압되지 않는다
몸이여, 몸이여
이제 완전한 민주주의를 하마

새벽 기도를 하듯 정성으로 너를 받들 테니
속이여, 내 속이여
이제 너도 나를 받아들여다오.

지금 내 곁에는

지금 내 곁에는
일꾼들의 발 씻는 소리도 뜸하다
공사장 목수의
톱자루만 외롭게 마룻바닥에 놓여 있고
일꾼들의 늦은 저녁상을 치우는
어느 놈팽이 아내의 설거지 소리도 뜸하다
마침 열한 번을 치는
괘종시계 종소리
밖에는 지금
다 베어간 들깨의 그루터기 같은
내 마음이 떠돌고
파랗게 북두칠성 일곱 개의 별이
아무도 없는 우물 위에
정박하고 있는 것을.

고백 1984

나는 아직 한 번도
십자가 앞에서 경건히 기도하지 않았습니다.
나는 아직 한 번도
성당과 교회 앞에서
나를 발가벗겨 놓고 고개 숙여 회개하지 않았습니다.
나는 아직 한 번도
당신이 전지전능하실 거라고 믿지 않았고
한 번도 당신이 어딘가에 계실 거라고 믿지 않았습니다.
그러던 어느 날
당신은 나에게 나의 죄를 알려 주시고
오월과 유월 나날을 고통으로 지새우게 하시고
이제 팔월의 몸뚱아리가 한창 불타는 어느 날
슈퍼마켓 아주머니도 이발소 총각 김씨도
연수 받으러 오신 선생님들도
매일 저녁 찬물을 덮어쓰는 팔월이 와
내 마음도 활활 불타는 어느 날 나는
당신이 결코 타락한 교회나 성당에만
계시는 것이 아니라는 생각을 하게 되었고
내가 부끄러워 하는 곳
내가 죄를 짓는 곳이면

그곳이 어디든지 그런 곳에서
당신은 늘 채찍을 들고 서 계신다는 것을 알게 되었습니다.

휴지통

나는 휴지통이 되고 싶지 않다
내가 사는 방에서
내가 경험한 사실을 하나도 잊어버리지 않고
나를 노려보는
잔인한 기억의 통이 되고 싶지 않다
양심을 보면 깜짝깜짝 놀라는 경험만
나 혼자서 죽어라 죽어라 짓눌러 놓은 것을
내 스스로 버릴 때까지
간직하고 사랑하는 놈
온 방을 쏘다니며
내 흉을 보는
내 부스러기 더러운 오물들이
끌어안고 붙어 있는 집
잃어버린 결백들이 사는 집
가래침이 묻기는 해도
어젯밤 수음한 정액이 묻어 있기는 해도
휴지통은 휴지통대로
무슨 꿈을 꾸고 있으련만
아아 간밤에도 또 술이 취해
너의 꿈 밑바닥까지 오줌을 쌌구나.

어느 겨울방학

전기밥솥에서 밥이 되는 것을 보며 바닥 모를 비애를 느꼈다
세탁기 돌아가는 소리에 대한 마땅한 의성어가 없었다
세탁기 속에서 옷들이 엉켜 돌아가는 것을 보았다
아내의 팬티 내 팬티 딸의 팬티 할 것 없이 한꺼번에 빙빙 감겨 돌아갔다.
매일 위장약을 먹고 눈동자는 멍했다
연탄집게의 모양이 눈에 선하게 떠오르는 날
눈은 내리고 그날 오후에 금방 녹아 버렸다.
아내가 없었으면 수십 번 큰 소리로 고함을 쳤을 것이다.

불빛 따라 사람살이가 변하는구나

불빛에 따라
사람도 변하는구나
십 촉 형광등 밑에서
삼십 촉 백열등 밑에서
10년의 자취 하숙 생활이 흘러가고
낡은 책상 밑에
신문지에 덮여서
온 방안을 퀴퀴하게 물들이던
김치 냄새도 흘러가고
불빛에 따라
전등의 갓 모양에 따라
놓여 있는 방구석의 물건도 달라지는구나
밥그릇과 냄비 하나
숟가락이 달라지는구나
불빛에 따라
그 은은함에 따라
식탁도 달라지고 이불도 달라지고
같이 사는 여자도 달라지고
따뜻하고 추운 것도 달라지는구나
어허 사람살이가

불빛에 따라
요상시레 변하는구나.

서둘러 외투를 입고

서둘러 외투를 입고
전등을 끄고
가슴 깊은 곳에서 흐르는
내 쓰라린 눈물이 가라는 곳으로
지금 당장 갈 수만 있다면
주무시는 어머님을 깨우더라도
빨아두신 손수건을 챙겨 쥐고
말리는 어머님의 말씀도 뿌리치고
불타는 광화문 거리로
두 주먹 불끈 쥐고 지금 당장 갈 수만 있다면
아아 조금만 더 있으면
시내버스가 끊어지는데
손 저으면 닿는
저 어둠의 귀뺨을 후려치고
전봇대를 지나
아직도 불빛 빨갛게 새어 나오는
마을 회관을 지나
돌아나가는 108번 버스를 기다릴 수만 있다면
신탄진이나 조치원쯤에서
참새처럼 가슴 조이더라도

가서 뜨거운 가슴끼리
한번 불이 되어 타올라 봤으면.

은행나무 아래서

하루 종일 떨어진 은행잎들의
얽히고설킨 그림자들을 비집고
바람은 언제나 한패가 된다

바람도 한패
날쌘 쥐새끼들도 한패
어디 끝도 없는 곳에서 일어나는
자욱한 안개도 한패인데

아무도 아무것도 내 편이 아닌
가을
천년만년 산다는 은행나무 아래서

듬성듬성 이가 빠진
은행잎을 주워들고
사람들 사이에서
나의 자리는 얼마나 빠져 있는지,

썩은 이빨처럼, 잡풀처럼
나는 얼마나 솎아져서

한구석 또 한구석 팽개쳐져 있는지,

나는 오늘 조용히 내 오른손을 잡아 본다.
오른손을 잡는 왼손
사랑은 싸늘히 식고
내 편은 오로지 이 왼손뿐인가.

배추쌈을 싸며

배추쌈을 싸며
이게 얼마만인가
힘이 솟음을 느낀다
가을배추 싱싱한 잎으로
한 숟갈 크게 밥을 싸서
와작와작 씹으며
오늘은 부끄러움을 이겨 내는 결심을 한다
퍼렇게 잎맥 살아
한입 가득히 고이는 배춧물
숟가락 든 팔에 신이 나서
삼키며
온몸에 푸른 핏줄,
아버지의 팔 힘줄 뻗친
배추를 바라본다
어찌 나는 이 밥을 먹으며
살아가는가,
깊은 가을
오늘은 배추를 통해 전해 오는
아버지의 가르침
씹히는 고통으로 살아라.

저 배추 꽉 찬 속잎
죽어 내 입 속에서 말하고
어금니와 어금니는
내 몸에 밥의 구수한 냄새가 날 때까지
서로 부딪치며
되풀이되는 고통의 과정에 대해 노래하는구나.

3부

슬픈 눈

매포

매포에서는
집들이 엎드려 있습니다
매포에서는
흐르는 물도 엎드려 흘러갑니다
매포에서는
돌멩이도, 풀잎도 납작 엎드려 있습니다
매포는 회색입니다
산도 나무도 죽은 듯이 회색입니다
매포로 오는 봄도 회색입니다
매포로 불어오는 바람
천 원짜리, 만 원짜리 경제도 회색입니다
매포에서
일어서 있는 것이 있다면
오직 시멘트공장 굴뚝뿐입니다
매포에서 엎드려 있지 않는 것이 있다면
쉬지 않고 날아다니는
시멘트 가루와
산을 울리고 사람을 울리는 발파음뿐입니다
매포에서
마지막 발악처럼 펄럭이는 것이 있다면

아빠, 목이 아파요
우리도 이사 가요 라고
대문마다 써붙인 현수막뿐입니다.

슬픈 눈

미꾸라지처럼 속속 그물망을 잘도 빠져 나가는 것보다
잉어처럼 당당하게 잡히는 것을 원합니다.
잡히는 것이 더 떳떳하고 눈물겨운 세상입니다.
누런 황금빛 잉어들. 그물망에 걸렸지만
열이면 열 모두에게 한결같은 감격을 안겨 주며
잡혀가는 자랑스런 잉어들.
아아 죄 없이 감옥으로 가는 잉어들의 큰 눈.
그물망마저 용서하는 아름다운 눈. 남과 북
조국을 사랑하는 슬픈 눈
처녀의 눈, 목사의 눈.

봄은 화염병으로부터 온다

봄은 이제 꽃으로부터 오지 않는다.
봄은 이제 강남 제비로부터 오지 않는다
봄은 튼튼한 건강,
싸울 수 있는 힘으로부터 온다.
나와 우리 이웃 형제들의
굳센 팔뚝으로부터 온다.
최루탄에 맞서 지랄탄에 맞서
화염병을 가장 멀리 던질 수 있는
오랜 투쟁의 경험으로부터 온다.
젖 먹던 힘까지 다 짜내어
던져진 화염병,
독재자의 발 앞에 산산조각으로 부서져
온몸을 불사르는 화염병,
저 화염병처럼
봄은 깨지면서 온다
폭발하면서 온다
피 흘리면서 온다.
보라, 독재자의 살점 속에 파편으로 박히는
민중의 꽃.
저 화염병을 보라

한반도에서 가장 확실한 사상을 보라.

저당잡힌 祖國

조국은 있는데
조국은 저당잡혀 있습니다
몇몇 사람들이
조국을 저당잡아
이자 놀이를 하고 있습니다
땅을 저당잡고
노동자를 저당잡고
농민을 저당잡고
철거민, 노점상을 저당잡고
이제는 자라나는 아이들까지 빼앗아
양키들의 전당포에 맡기려 합니다
조국은 있는데
반신 불구가 된 땅덩어리지만
우리들이 뜨겁게 사랑하는
조국은 있는데
조국은 저당잡혀 있습니다.

끔찍한 꿈

 한민족이 반으로 딱 갈라서 너무 오래 있다 보니 사람들이 모두 미쳐 버렸습니다. 종이에 반으로 딱 줄 그어 놓고 남쪽과 북쪽 어느 칸에든지 반드시 도장 찍으시오. 이렇게 투표하는 세상이 그만 오고 말았습니다.

절규 · 1

처음엔 해고시키는 정도에서 그칠 줄 알았다.
처음엔 파면시키는 정도에서 그칠 줄 알았다.
줄잡아 100만 명 정도
밥줄 끊는 것으로 그칠 줄 알았다.
그런데, 그런데 그게 아니었다.
무서운 착각이었다.
그들은 토벌대처럼
지리산의 마지막 한 사람 빨치산을 쫓는 토벌대처럼
농촌을 짓밟았다.
맨 먼저 밀알이 전멸되고
이제 보리들도 버젓한 제 땅에서 숨을 곳 없어
목숨이 경각에 달렸다.
푸른 콩밭 머리에
수숫잎 물결치던 조선 땅아
나의 이름은 쌀이다.
이 쌀마저 바람 앞의 등불이구나.
얼마 가지 않아 이 나라 농민들은
해고나 파면 정도가 아니라
밀알처럼 빨치산들처럼 씨종자도 없이 토벌되고 말 텐데
쌀이라고 어찌 무사할 수 있으랴.

저 캘리포니아 땅에서
물밀듯이 쳐들어오는 외적의 쌀을 누가 막는단 말이냐.

절규 · 2

이삿짐을 실은 용달차는 짖어야 한다
2.5톤이든 4.5톤이든
이삿짐을 실은 트럭은 짖어야 한다
몇 장 남은 구공탄마저 쏟아 버리며
이삿짐 차는 컹컹 짖어야 한다
짖다가 짖다가
그래도 전셋값이
하늘 높은 줄 모르고 치솟으면
이제는 그만 물어뜯어야 한다
세파트가 되든 불독이 되든
개처럼 달려들어
놈들의 발목이면 발목, 허벅지면 허벅지를
갈가리 물어뜯어야 한다
닥치는 대로 물어뜯어야 한다.

절규 · 3
– 나는 계란이다

나는 계란이다
계란으로 바위를 치면
나만 박살난다는
바로 그 생계란이다
그러나 사람들아
부끄러워하라
내 앞에서
부끄러워하라
너희는 누구 어디
나처럼
온몸이 박살나도록
으깨져 본 적이 있는가
바위 같은 큰 적 앞에
온몸을 피투성이로
내장까지 흘러내리며
싸워 본 적이 있는가
이 미쳐버린 나라에
이 똥물보다 더 더러운 정권에 대항하며
나처럼 온몸으로 박살날 자신이 있는가
전태일 열사 앞에

박종철 열사 앞에
늘 고개를 숙여
산더미 같은 빚을 갚아야 하는
나는 계란이다
저 파렴치한 적
흉악무도한 적들에게
언제라도 던져질 각오가 되어 있는
장렬하게 죽을 준비가 되어 있는
나는 계란이다.

전신주

결코 체격이 우람하지 않다
결코 시끄럽게 떠들지 않는다
눈보라 치는 거리에서
꼿꼿이 서 있다
가파른 비탈길
어디든지 뿌리내리고
발길에 채이며
오줌 세례를 받으며
속으로만 일한다 서로 긴 팔을 벌려 잡고
38선까지 넘기 위해
얼어붙은 한밤중에도
웅웅 힘을 주며 일만 한다
사방 집집마다 연락을 취하고
생사람 잡는 보안법도 아랑곳하지 않고
남북을 통하려는
보이지 않는 큰 힘
천만 노동자의 큰 힘.

휴지는 왜 돌아다니는가

휴지는 왜 돌아다니는가
휴지는 버림받았기 때문에 돌아다닌다
휴지는 버림받았기 때문에
더러운 곳으로 몰려다니며 온몸이 찢어진다
쓰레기는 왜 몰려다니는가
쓰레기는 버림받았기 때문에 몰려다닌다
버림받았기 때문에 몰려다니며
곳곳에 악취를 풍긴다
버림받은 것들은 왜 돌아다니는가
버림받은 것들은 왜 더러운 곳으로 몰려다니는가
버림받은 것들은 지독한 상처를 입고
피 흘리며 돌아다녀 보지만
아무도 거들떠보지 않기에
마침내 숨통 막는 악취, 반역이 되어
대항하기 위해 돌아다닌다.

김구 선생님 기념우표를 붙이면서

선생님은 걸어서 38선을 넘어가셨는데
선생님 돌아가신 지 40년이 지난 오늘,
오늘도 우리는 선생님의 기념우표를 붙이면서
38선 너머 우리 땅의 주소를 쓸 수가 없습니다
한 핏줄의 주소를 써서 우체통에 넣을 수 없습니다
아마 우표가 되어 우표 속에서라도
북녘땅 곳곳에 가보고 싶어하실 선생님의 恨을
우리는 아직도 풀어 드리지 못하고 있습니다.

아무도 태극기를 달지 않았다

아무도 태극기를 달지 않았다
1990년 3월 1일 아침
올려다보이는 아파트 단지마다
아무도 태극기를 달지 않았다
베란다엔 양탄자가 널렸다
고스톱이 널렸다
돈이 널렸다
유관순 열사의 옷고름이 나부끼는 것이 아니라
복부인의 치맛자락이 펄럭였다
아무리 보아도 태극기는 보이지 않았다
증권만 보였다
자식새끼들의 평균 점수만 보였다
그들에겐 조국이 보이지 않았다
아니 그들에겐 조국이 없다
민족도 없다
아파트 투기만 있다
부동산 투기만 있다
독립만세 소리에 피는 묻어 아직도 흐르는데
아무도 태극기를 달지 않았다
어린 꼬마가 왜 태극기를 달지 않느냐고 물으면

오늘이 무슨 날이냐고 그들은 되물었다
하지만 그들을 비난할 수 없다
그들을 매국노라고 욕할 수 없다
아침 10시
진짜 매국노들은 텔레비전 화면 속에 있었다
뻔뻔스런 자들이
독립군을 때려잡은 일본 관동군 헌병 출신들이
3·1절 기념식장에 우두머리로 앉아 있었다
쥐구멍을 찾아도 시원찮을 자들이
아니 이미 이슬로 사라져야 할 자들이
시뻘건 군홧발로
3·1절 기념식장을 더럽히고 있었다
그렇다 아직 조국은 해방되지 않았다
조국은 반동강으로 신음하고 있을 뿐
조국은 아직 해방되지 않았다
쿠데타의 주역들이
광주학살의 원흉들이
하늘 땅도 부끄럽지 않는지
그 피 묻은 손으로
기미년 그날 애국열사들의 후손들에게

표창장을 수여하다니
어찌 맨정신으로 71년 전 그날의 태극기를 달 수 있으랴
태극기를 달지 않았다고
아파트 주민들을 꾸짖을 수 있으랴
아아, 아직은 똑바로 태극기를 달 때가 아니다
아직은 신식민지의 깜깜한 밤
누가 태극기를 다는 것조차 잊어버리게 만들었는가
누가 돈에 미치게 만들고
누가 부동산 투기에 미치게 만들고
누가 자라나는 아이들마저
서로 갉아먹는 점수벌레로 만들었는가
유치원에서부터 국기에 대한 맹세를 강요하여
그만 애국심마저 빼앗아 가버렸는가
마약과 인신매매, 방화살인, 폭력고문, 그 모두
반역의 무리들 검은 뱃속과 한통속임을 알기 때문에
저 신성한 반도의 보리밭 위로
아직도 성조기가 찢어져 태워지지 않고 있기 때문에
우린 맨정신으로 태극기를 달 수 없다
왜놈 순사들의 눈을 피해
깊이 깊이 태극기를 간직하듯이

장롱 깊숙이 태극기를 간직하고
해방조국이 오는 날
통일조국의 3·1절이 오는 날
그날 목놓아 만세 부르며
태극기를 흔들기 위해
오늘 아무도 맨정신으로 태극기를 달 수 없다.

1980년대의 상식 · 1
- 양원태 군을 생각하며

정신을 잃고 5층 옥상에서 떨어질 때까지
무차별 곤봉 세례와 최루탄을 퍼부어라
등뼈가 3개나 부서지고 중추신경이 마비될 때까지
병원으로 옮기지도 말고 콘크리트 바닥에 내버려 둬라
부서진 등뼈 대신 철골로 고정시켜
재기불능이라는 선고를 받을 때까지
치료비 한푼 보태지 말 것은 물론
입원실 앞에 얼씬도 마라
그날 밤 시퍼렇게 살아 있던
구로구청 옥상 위의 하늘이
혹, 입을 열거든 그 입을 찢어 버려라.

1980년대의 상식 · 2
– 어느 복지원 이야기

죽어서야 떠날 수 있다는 감옥
민간인 포로수용소
편지를 써도
배달되지 않는다는 곳
경비견, 철조망
군대식으로 편성된 중대, 소대
탈출하다 잡히면
초주검이 되도록 맞고
이삼 일 뒤에 시체로 변한다는 곳
환자는 치료도 못 받고
죽을 날만 기다린다는 곳
12년 동안에 513명이 숨지고
시체는 의과대학 실험용으로 팔려 갔다는 곳
보사부, 부산시 감독은 말뿐
서슬 퍼렇던 새마을 왕국 시대
오히려 돈까지 지원했다는 곳
이런 수용소의 원장이
당국의 추천으로 국민훈장까지 받았다니……
오 물구나무 선 땅이여.

1980년대의 상식 · 3
– 미국의 계산

한국의 농토는
배추 한 포기 살지 못하게 죽여 버려야 한다
한국의 농민은
여자와 늙은이까지
깡그리 씨를 말려 버려야 한다
그리하여
한국의 농촌은
메뚜기 한 마리 미꾸라지 한 마리 살지 못하게
완전히 초토화시켜 버려야 한다
그래야 속국이면 속국답게
미제 쇠고기와 미제 담배는 물론
전 농산물을 이유 없이 무제한 사먹을 테니까.

1980년대의 상식 · 4

고문 기술자가 어디 있어요
그런 사람 없어요
통장으로 퇴직금 보내 달라고 그런 적 없어요
광주에서 총을 쏘라고 한 사람은 유령이었어요
대검으로 찔러도 좋다고 한 사람도 유령이었어요
그런 사람 살아 있지도 않아요
그런 사람이 왕관을 쓰고 있다니요
지금은 6공화국 대명천지 밝은 세상이잖아요
플랑크톤을 믿으세요
실족 익사라고 우긴 적 없어요
원인 모를 죽음이 어디 있어요
총 맞아 죽든가 고문으로 죽든가
생매장으로 죽든가 최루탄 파편에 맞아 죽든가
성적 비관으로 한강에 투신해 죽든가
원인이야 다 있지 의문사가 어디 있어요.

드라큐라

휴지통 뚜껑을 열면서 쓰레기차의 멜로디를 들으면서 나는 보았다. 보통 사람의 주머니에 감춰진 시퍼런 칼을 보았다. 가면 뒤에 가려져 있는 드라큐라의 피 묻은 이빨을 보았다. 바지를 까내리고 좌변기에 앉아 있어도 들렸다. 그 목소리 뒤에는 수많은 흙덩어리 떨어지는 소리 들리고 차가운 시멘트 바닥을 울리는 단말마의 비명이 들렸다. 그 눈을 볼 때마다 그 목소리를 들을 때마다 나의 눈은 까뒤집히는 백태눈이 되었다. 밤 9시가 넘으면 포크레인 삽날이 울부짖고 시체 썩는 냄새가 났다. 그의 손에 목숨을 빼앗긴 넋들이 매일 아파트 창문 앞에 와서 머리를 부딪치며 울고 갔다. 불타는 몸으로, 익사한 몸으로, 맞아 죽은 몸으로 절규하며 지나갔다. 아아 우리들의 총, 우리들의 대포는 모두 누구를 향해, 어디를 향해 조준되어 있는가?

목표

나의 목표는 내 몸이 무기가 되는 것
칼이든 총이든 폭탄이든 하여간 그 무슨 무기든
무기가 되어 분단의 벽을 없애는 것
조국 통일을 가로막는 모든 무리들을 요절내는 것.

3월 1일 아침

내 몸과 내 마음이
폭죽처럼 터져서
가장 높은 나뭇가지에 걸리고 싶다
어릴 적 짚 둥지 안에서
금방 껍질을 깨고 태어나던
병아리의 부리처럼
온누리에 새순이 돋기 전에
오늘은 정말 폭죽처럼 터져서
파편으로 파편으로 쌓이고 싶다.

봄은 헬리콥터 타고 왔다

1990년
봄은
남쪽으로부터 오지 않았다
서귀포
유채꽃으로부터 오지 않았다
봄은
인천 앞바다로부터 왔다
상륙작전
'팀스피리트'로부터 왔다
제비 한 마리 날지 않는 땅
봄은
썩은 버터 냄새 진동하는
군홧발에 걷어 채이면서 왔다
흰둥이, 검둥이와 함께
헬리콥터 타고 왔다
침략작전 '팀스피리트'로 왔다
1990년
봄은
사팔뜨기였다
냉어리였나.

드디어
뇌 없는 아이를 잉태한 땅
죽은 무꽃 떠다니는
1990년 봄,
봄에는 핵 냄새가 났다.

4부

고향집 門살

고향집 門살

내 어릴 적 고향집
문살은 어머님 시계였어요
앞산에 조금씩 조금씩 해가 떠오르면
문살에 비치는 초가지붕 추녀 그림자
해가 한 뼘씩 한 뼘씩 올라올수록
물그릇에 물이 줄어들 듯
우리 학교 교무실 복도
하나밖에 없는 온도계 눈금 내려가듯
내려가는 추녀 그림자
그런 때 뒤울 안 시누대밭엔
참새떼들이 가득 날아왔다
햇덩이처럼 반짝이며 튀어 올랐고
어느새 문살 중턱까지 내려온 추녀 그림자
풀풀 김서리치는 큰 무쇠솥
둘레에 밥물 흐르고
밥물을 행주질하다가
애들아 학교 갈 시간이다
깜짝 놀란 어머님 목소리
서너 번씩 들리면
눈곱 뜯으며 그제사 일어나던 우리

오줌 누고 세수하고 와서 문살 한번 보고
책보 싸두고 문살 한번 보고
밥숟갈 놓으며 문살 한번 보고
부랴부랴 어머님 시계에 맞추어 학교에 가던 우리.

소를 팔아 버린 날

소를 팔아 버린 날
헛간의 슬레트 지붕을 때리며
오지 않던 찬비가 내렸다

저무는 섣달
아버지는 저녁상 머리에 앉기만 하면
남의 집 며느리 본 얘기로 신나다가
고만 풀이 죽고

조석으로 풀이 죽는
그 아버지를 생각하며
떠내려가는 쌀뜨물

나이 육순 길에
이제 나들이로 세월 보내신다 한들
누가 흉을 볼까마는
외양간 비워 놓고
봄을 맞을 생각이 나신겐가

오늘 저녁은 정미소를 하는

죽마고우 노씨의 환갑잔치 얘기를 꺼내다가
고만 또 풀이 죽고.

미꾸라지

막혀 있던 기억은
내가 잠을 잘 수 없는 날
둑이 터진다

잠을 못 자게 하는 예리한 칼날들이
내 가슴을 후벼파며
미꾸라지 되어 올라오고 싶을 때

출렁거리던 기억은
저수지 둑처럼 터져
탈곡기소리 잉잉거리는 타작마당까지
꾸불꾸불 긴 도랑이 된다

그 물살 타고
비로소
내 가슴의 가장자리까지 꼬리쳐 올라오는 미꾸라지

까마귀 밥으로 몇 개 달린 감나무 홍시 그 마당에
몸뚱아리 번득이며
펄쩍펄쩍 뛰는 미꾸라지

미꾸라지는
드디어
탈곡기 아가리 앞에
허연 수건 질끈 맨
땀투성이 아버지 얼굴이 되어
엉엉 나를 울리고 만다.

아우 · 1

미처 다 뽑아 가지 못하고 빠뜨린
무나 배추뿌리가
얼어붙고 있다는 것을 생각한다
징검다리로 건너던 개울이었지만
꽁꽁 얼음이 되어
징검다리도 없이 개울을 건너는
아우를 생각한다
떼거리도 더 늘어나고
야구선수처럼 어깻죽지 힘도 더 세어진
그래서 더욱 악랄해지고 우락부락한
바람이 부는 날에도
스무 살 아우는
지게를 지고 리어카를 끌고
묵묵히 땔나무를 해온다
쪼개지는 장작개비를 내려다보며
이 손 저 손 번갈아가며 땀을 훔쳐내는 아우
저녁뉴스 속에 불고 있는
왜곡된 겨울바람의 차가움도
아우의 의식을 흔들지는 못한다
늙으신 부모님의 방

아랫목을 뜨겁게 달구기 위해
등짐을 지고 날마다 개울을 건너야 하는 아우
그런 아우에게
여기 이 땅은 얼마나 치욕스러움인가.

유년 · 2

기적아 영일평야 달리면서
목놓아 울더라도
내 발길은 다시 돌아세워 놓지 마라
빨갛게 피가 흐르도록 튼 발뒤꿈치
검정 고무신에 찰거머리처럼 얼어붙던
눈보랏길 오 리
그 눈 속에 검은 구두 발자국 내며
형님은 첫 휴가를 나왔다
꽁보리밥뿐이었던 삼동이었건만
오랜만에 형님 상엔 흰 쌀밥이 놓이고
아우와 내가
힐끔힐끔 쌀밥을 훔쳐보다가
어머니의 눈총을 받았을 때
쌀아
너의 가슴은 얼마나 아팠느냐
대구로 가는 화물열차인가
부산으로 가는 화물열차인가
농사꾼의 아들딸에겐 빚만 보여주고
도시로 도시로
부자들을 위해 실려가는 쌀아

나는 두 손 모아 빌어 본다
영일평야 달리면서 목놓아 울더라도
얼어붙었다가 얼어붙었다가
문드러져 썩는
두 눈 뜨고 차마 못 볼
내 고향으로 다시 날 돌려세워 놓지는 마라.

눈 오는 밤

도끼와 낫을 덮으며
사위어가는 불씨들의 꿈을 덮으며
눈 오는 밤
연못에 사는 물고기들은 다 무얼 할까
동네 꼬마들의
얼음지치기에도 벌벌 떨다가
꼼짝하지 않는 물풀들을 원망할까
아니면 하늘 한번 쳐다보다가
두껍게 내리덮인 빙판에 머리를 부딪치고
하나 둘 모여 삿대질이라도 하는 걸까
삽과 곡괭이를 덮으며
외양간 황소의 큰 귀를 덮으며
눈 오는 밤
이런 날 시누대밭 어린 참새들은 무얼 할까
승냥이 울음 따라
시누대들이 부르르 몸을 떨 때
그 무서운 공기총 사내에게 쫓기는 꿈을 꾸다가
깜박 잠이 깨었을까
아무도 퍼가지 않아
독충들이 우글우글한 우물 속

눌리고 눌리어 썩어 가는 물들이
밤새도록 가슴 두근거리고 있을까
다 흩어져서 죽은 눈들이 시체가 쌓이고 쌓이면
바깥으로 한번 넘쳐보겠다는 꿈을
버리지 못하고 있는 걸까.

아버지의 편지를 받고

'이곳 아비는 흐리는 좀 나은덧 하나
아즉도 조금 아프나마 근양 잘 잇다'
이렇게 맞춤법 틀리게 보내온
아버지의 편지를 읽으면
틀린 그 문법에 와락 눈물 고이누나
옥수수 삶아 자전거에 싣고
삼십 리 멀리 포항 죽도시장 큰길을 지나가다
옥수수와 함께 그만 나뒹굴었다는 이야기
아스팔트 바닥에 노인과 옥수수라
깡마른 노인과 헛바퀴 돌아가는 자전거와
옥수수의 산지사방 흩어짐이라
생각만 해도 온몸에 피가 거꾸로 도누나
그 주변에 몰려 불쌍한 듯이 신기한 듯이
쳐다보았을 구경꾼들 모습
아들은 어떤 놈들이길래 저 늙은 노인을
옥수수 삶아 시장에 내보냈을까
욕설을 하며 지나갔을 행인들
에이 씨팔 재수없게 누구 바쁜 줄 아나
하며 경적 빽빽 울리며 지나갔을 자가용들
이런 말씀 한마디 없었지만

아버지의 편지를 읽으면
자꾸만 화끈화끈거리는 광경이 떠올라
대낮에도 낯가죽에 이가 한 마리
스멀스멀 기어다니는 듯하누나.

情談도 못 나누고
– 조재훈 선생님을 생각하며

정담도 못 나누고
그날은 풍선처럼 둥둥 떠다닌
밤이 흘러갔네
언제나 정갈하시어
말씀의 결을 따듯
숨소리조차 고르시던 그 모습
한결같이 잊혀지질 않아
가슴 두근두근 찾아뵈지만
정담도 못 나누고
인사만 여쭙고 나와
하늘을 보니
하고 싶었던 말들은
총총한 뭇별이 되어 박혀 있었네
어수선한 세월에
고요한 그 형안 한번 뵈는 것으로
천리 길 멀다 않고
달려갔으면 그걸로 족할 일이지
세월의 정담, 그 물소리에
전해오는 따뜻함
그것만을 자꾸 흘러넘치게 하고픈 것은

못난 나의 욕심 탓이 아니랴.

바다 · 2

모든 절망이 떼를 지어 부서진다.
폐허가 된 누군가의 꿈이
다시 한 번 와르르 무너진다
그러나 한 발자국 더 가까이 디뎌 보면
그것은 평생에 죽지 않고 부릅떠 있는
이 세상에 가장 큰 외눈.
외눈은 밤이나 낮이나
늘 가장 깊은 곳에서 운다
그 울음이 하도 깊은 것이라
어리석은 자들의 눈에는
언제나 멀리 하나의 가는 線으로만 보인다.

친구 정태영 기사에게

작년 여름방학 때도
자네를 찾지 못했다
지난 긴 겨울방학 때도
자네를 찾지 못했다
72국에 8201
자네 회사 전화번호를 잊은 적은 없지만
포항을 오가며 전화 한번 하지 못했고
첫딸을 낳고 둘째 딸을 낳았다는 걸 알았으면서도
애들 속옷 한 벌 미역 한 다발 못 사갔다
술빚진 것이야 말해 무엇하랴마는
2.5톤 트럭 유리창이 얼어붙던 그해 겨울
회사차를 빼내
공주의 내 이삿짐을 실어다 주던 그날
경주를 지나 포항종합제철 불빛이 보일 때는
핸들을 잡고 졸던 자네
그날의 고마움을 어찌 잊을 수 있으랴
알량한 글 몇 줄 써서
누가 서른 살 나이 못 팔아먹었다고
흉이라도 볼까
대전은 가면서 서울은 가면서

줄기차게 애인은 만나면서
2년이 다 가도록 자네를 찾지 못했다
세상의 일이란 때가 있는 건지
오늘에야 자네를 찾아가니
자네는 이미 101번 포항 시내버스 운전기사가 되어
목숨 걸고 10분을 다투고 있구나.

종호에게

나는 언제나
공주 시목동 어부집 앞의
미루나뭇잎 힘찬 파닥임 소리를 들으며
너를 생각한다
나는 언제나
공주와 부여 사이로 흐르는
금강물 소리에 귀를 기울이며
규암면 나루터에서
가난한 언어를 건져 올리는
너를 생각한다
가난하고 힘찬 것이 때론 상극이 되고
때론 우리에게 벅찬 고통의 칼날이 되어
우리의 뒷덜미를 찔러 왔다는 것을
서로 깨달아 알고 있었지만
아직도 우리는
가난하고 힘찬 것을 등짐 지듯 살고 있으니
언제나 너를 생각하면
나는 등줄기에 식은땀이 흐른다
그러기에 네가 뿌리고 간 씨앗은
아직도 내 가슴에 자라며

공주 금강물 소리처럼
너는 항상 그리움으로 내 속에
흐르고 있다.

뽑히지 않는 뿌리
― 조선원에게

끝끝내 뽑히지 않는
뿌리처럼
속으로 울고 있는 너
나무 그루터기 같은
너의 외로운 어깨 위로
올해의 初雪이 내린다
절뚝이는 발걸음으로
영등포역 지하상가 어디쯤
인파들의 아우성에 밀리며
개포동 어디쯤
첫눈을 밟으며
속으로만 울며 걸어갈
너의 뒷모습이 보인다
인사동 얼어붙은 육교 위에서
문득 뒤돌아보는
따뜻한 너의 눈
그 눈을 평생 잊지 못하며
가슴에 너의 비수 하나 찔러 놓고
나는 살아간다.

5부

스물아홉 해의 가을

우산

그대 가슴 속에 내리는 비를 가리는
우산을 받쳐들고 싶다
그대 내 가슴 속에 내리는 비를 가리는
우산을 받쳐들고 서 있지 않아도
나는 그대 가슴 속에 흘러내리는 슬픔을 가리는
우산을 받쳐들고 싶다
날이 새면 그대가 없는 자리에
길고 긴 비가 내리고
비가 이어주는 얼룩진 다리 위에서
그대 이름 부르며
내 한 몸 모두가 우산이 되어
그대 위에 받쳐져 죽을 때까지 서 있고 싶다.

스물아홉 해의 가을

나무와 나무 사이로 흐르는
깊은 황색의 강
내 영혼을 넘쳐나서 흐르는 저 강 위로
믿을 수 없을 만큼
빨간 십자가가 여위고 길게 나타나는 것을.
넓은 활엽수 잎들 사이로
들리는 끝없는 울림, 울림의 바닥에서
불안의 늪이 일어서다 가라앉고
하느님의 말씀처럼
나뭇잎 몇 개가 뒤를 따라 떨어진 후
나는 잠시 모든 것을 놓아 버린다
비워 버린 이 아늑함
두 눈을 감으면
스물아홉 해의 가을이
스물아홉 해만에
처음으로 내 속을 빠져나가
순백의 자유가 되어 걸어 다니는 것을.

시월의 강물은 흐르고

시월의 강물은 흐르고
문득 하늘을 보다 눈물이 고일 때가 있습니다
그럴 때마다 나는
마당가에 해바라기 잎사귀들처럼 펄럭입니다
열 손가락 어디 하나 있는지 없는지
두 손의 행방조차 그때는 모릅니다
구름이 보이고
나도 모르는 어떤 깊은 데가 떨려 오고
가을 바닥 바삭 누워서
꼬불꼬불 생각의 끝으로 뻗어 있는
해묵은 애정의 길마저
그만 풀어주고 맙니다
신발가에 소리 없이 내리는 낙엽
우표를 붙이지 못해서
발걸음 떼놓을 수 없는 시간
찢어 버린 편지는
찢어 버린 조각이 더 넓습니다
이런 오후엔
해바라기 둥근 얼굴에 덮여서
오래오래 가슴 속에 사는 그 사람에게 가는 것을

두 손으로 얼굴 가리며 막아야 합니다.

그대

가슴 어디선가에서
자꾸만 바람 소리 새어 나오고
끝나지 않은 노래 무수히 남아서 시끄럽다
빨갛게 피어오른 그대 마음 하나
신발을 신을 때마다
발가락 끝에 꼭꼭 마쳐 아프다
수많은 낙엽 쌓여서
낙엽의 숲을 이룬들
그해 가을 그대 울음 덮지 못하리
나는 보았다
모든 나뭇잎이 다 떨어지고
뼈를 깎는 소리
문풍지마다 들려오는 밤에도
그대는 작은곰자리 별처럼 매달려 있는 것을.

은총의 시간

나의 주소와 나의 이름을 써 주는
그것만으로 나는 기쁘다
큰 봉투에 휘엉한 카탈로그에
따사롭게 웃고 있는 너의 사진만으로도
나는 기쁘다
조그맣고 하얀 종이쪽지에
깍지 낀 것 같은 사연이 들어 있지 않아도
나의 주소와 나의 이름을 써 주는
그것만으로 나는 기쁘다
기쁨에 차올라
저 빛바랜 잎새마다
마지막 생명을 주는 햇살들
그 은총의 시간이 넘치는
가을 광장에 뛰어나가
내 속에서 터져 나오는 생명의 신비를,
살아 있음의 놀라운 기적을
그대 눈 속에 그대 가슴 속에
흐르는 물처럼 흐르게 하고 싶다
이제야 말하지 않아도 알리
만나지 않아도 알리

우리가 어떻게 하루하루 기다림에 떨며 살았는가를
우리가 어떻게 그 많은 시간 앞에
촛불처럼 타고 있었는가를
그리고 무엇이 우리를
죽음까지 두려워하지 않게 하고
목숨 다할 때까지 사랑하게 하는가를.

처서 이후

이제
꼭 기다려야 할 꼭 받아야 할 편지도 없다.
한 차례의 큰 바람이 벼꽃을 흩날리고
사흘을 멀다 하고 비는 와서
강물은 어느덧 내 가슴 죄다 넘어 버렸다.
누가 노를 젓는다 하여도
사나운 물결만 일으켜 놓을 뿐
노를 젓는 임자는
평생껏 내 곁을 비켜 갈 사람
슬픔의 근원으로 남아 있는 몇몇
여인들은 철둑길로 오다가
언제나 기적처럼 울려 퍼지고
사랑은 갈기갈기 찢어져서
다시 한 번 읽어 보기엔 너무 낡아 버렸다.
조금 더 기다려 보아라
갈대들 내 가슴을 거칠게 메우고
갈잎 하나하나에 노을이 엉길 때
나의 곁에는 이미 아무도 없고
남루한 낙엽만 쌓이리
그러면 나에겐들 누구의 얼굴 다시 떠오를까

담장가에 심어둔 해바라기
해바라기만 빙 빙
나의 속절없는 가을을 지켜주리.

며칠째 비는 오고

며칠째 비는 오고
밤낮으로 거리엔 물이 고였다
젖어서 형체를 알 수 없는
사랑과 도덕을 버리리라
미어지는 가슴을 연기가 나도록 태우는
그 고통스런 불꽃 있잖아
그것을 버리리라
눈물의 속갈피까지 적시며
쓰러진 내 순수를 다시 끌어안으리라는
그 어리석은 결심을 버리리라
며칠째 비는 오고
사랑이 칼날이 되어 내려 찍히고
밤낮으로 가슴엔 피가 고였다
눈이 찍히고 귀가 찍히고
세상이 더러운 타산과 함께
비는 입 속으로 스며들어
가슴에 남았던 울음덩어리를 붉게 적셨다
그러나 이제 소매를 걷어붙이리라
열병의 기나긴 시간을
단숨에 자를 수 있는 칼을 준비할 마음으로

젖은 양말부터 빨아 말리리라.

뚝길에서

뚝길 따라 서쪽 끝으로
무명의 풀들이 말라죽고 있다

농부들 몇이
무를 파묻던 흙손을 털며 일어서고
강물은 청산하지 못한 오물을
더욱 더럽히며 흘러가고 있다

어느덧 성큼성큼 물러서는 하늘
발끝에 소리 없이 닿는
이승의 바람 한 자락

크고 작은 수목들아
하반신 깊은 곳이 붉어지는구나
땅 속으로 기어들어 가며 은밀히 주고받는
들짐승들의 수화라도 엿듣고 있었는가

동쪽과 남쪽 끝 한 모서리가
길게 찢어지고
터진 쌀부대의 쌀처럼

콸콸 어둠이 쏟아지는

여기, 주검의 비린내가
전신을 감도는 뚝길에 서서
오늘은 청동의 종소리가 듣고 싶구나.

조치원행 직행버스

조치원행 직행버스는
오락가락하는 구름 속으로 떠났습니다
사람의 마음도 그같이 오락가락하고
강물도 흘러가는 듯 흘러오는 듯
모두가 두 쪽으로 갈라지며 흩어져서
도무지 한 가지 이름으론 부를 수 없는데
푸른 물살처럼 소리 내어 울기라도 할 듯
수많은 잎새 뒤로
조치원행 직행버스는
조치원으로 조치원으로 떠났습니다
바라보면 바라볼수록
하늘 한 모서리가
쓸쓸히 비껴 내리는 삼거리
바람은 한 귀퉁이가 떨어져 나간 것인가
어쩌다 제 스스로 뒤척이는
자주달개비 모가지가
고개 흔들어 부정하는 사람의 운명처럼 다가오는 일순
오오 그제사 한두 방울 비가 떨어지고
어느 누가 단 한 사람의 마음을 알 수 있으리
드디어 주룩주룩

조치원으로 가는 길목은 하반신까지 젖어 버렸습니다.

의림지 가면서

제천지방 법원 뒤
북쪽 들판을 가로질러
의림지로 간다
봄을 기다리는
그루터기 벼를 밟으며
의림지로 간다
월악산 꼭대기
눈부시게 빛나는 잔설의 아침
마음을 눈처럼 하얗게
어깨와 팔다리 관절 사이로
흐르는 피를 눈처럼 깨끗하게
표백하기 위하여
의림지로 간다
좀처럼 노래를 흥얼대지 않는
아내의 불만도
마른 풀잎 서걱이는 소리에
그만 잊어버리고
손가락과 코끝에만 부딪쳤다가
의림지 청청한 숲 위에서
깃털 넓은 외가리떼처럼

날개를 퍼득이는
아침의 겨울을 만나러 간다.

의림지 물소리

꼭 꼭 입을 다물고
가슴에 그 물빛을 고스란히 담아서
돌아올 수밖에 없었기에
의림지 물소리는
의림지를 떠나와서야
가슴에 소리 없이 범람하는
호수가 되어 버렸다
항상 그 사람을 생각할 때마다
무슨 고독한 고동소리처럼
자꾸 목울대를 울리는
그리운 소리
나만이 듣는
아아 나만이 듣는
물소리여.

유고 시집 『물인 듯 불인 듯 바람인 듯』

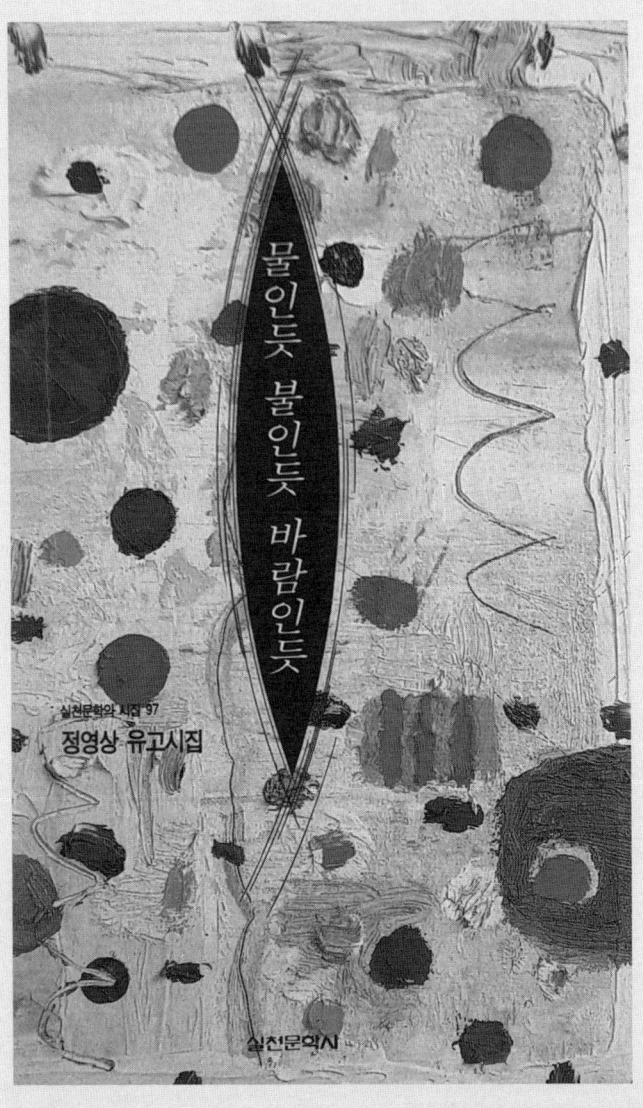

1부

나는 집게손가락을
움직이고 싶다

바닥
― 序詩

나는
정말 스스로 바닥에 떨어졌을까
길바닥의 잡초처럼
사정없이 짓밟힐 각오가 되었을까
떳떳이 바닥에 떨어져
온몸에 피 흘리며 뭉개질 각오가 되었을까
스스로 바닥이 되어
평생 바닥으로 함께 살며
다시는 바닥에서 올라오지 않을 각오가 되었을까
화염병처럼 깨지는
바닥의 형제들을 배반하지 않고
피투성이가 되어
평생을 신음 속에 살며
아아 그래도 바닥이 좋아
이렇게 말하며
죽어도 좋다는 각오가 되었을까
나는.

목련

목련이 핀다
사는 것이 죄다
봄이면
너 혼자 개벽하고
나는 또 죄인이 되는가.

불치의 病

나이 들수록
슬픔도 자라는가
올해 내 슬픔은 서른여덟 살 먹었다
내 싸움과 술버릇과 동갑이다
앞으로 중독이 되어
불치의 病이 될
내 슬픔이여.

십 년

십 년이 흐르고
너는 시월의 강물처럼 깊어가는데
나는 접시에 담긴 물처럼
말라버렸네.

넝쿨

박넝쿨 호박넝쿨 오이넝쿨 넝쿨들이
울담에 기어 올라가고
푸른 하늘 향해 기어 올라가고
올 여름
얽히고설킨 자유의 길
따라 올라가고
나도 넝쿨이 되어 저렇게 올라가고 싶다.

돌 앞에 앉아

돌 앞에 앉아 울고 싶은 날이 있다
주먹만 한 돌이
아이를 둘 낳고 아버지 소리를 듣는
사나이보다 더 크다
살아온 날 돌아보다가
살아갈 날 고개 저으며
돌 앞에 앉아 울고 싶은 날이 있다
하루를 산다는 것은 얼마나 무서운가
인간으로 산다는 것은 얼마나 부끄러운가
침묵의 돌이 꽃으로 피는 봄
돌 앞에 앉아 울다
돌에 이마를 짓찧고
피 흘리고 싶은 날이 있다.

앞날
— 단양에서

아내와 싸우고 나와
뒷산에 쪼그리고 앉았다
손가락으로 땅바닥을 이리저리 그리다가
발 앞을 쳐다보니
작은 벌레 한 마리가 기어간다
산새들도 다 둥지로 돌아갔는가
사방이 적막하다
어디로 가는지 앞만 보며 쉬지 않고 기어가는
작은 벌레 한 마리가 보이지 않을 때까지
내 초라한 그림자를 바라보았다
큰 산과 큰 물을 가까이 두고 살면서
정작 참지 말아야 할 것은 참고
참아야 할 것은 못 참는
평생 小人의 길을 걸어갈
못난 앞날을 바라보았다.

단양에서 1

닷새마다 서는 장날에
나는 장닭처럼 서서
두리번거리며 돌아다닌다
학교 간 아내 대신에
오이와 버섯을 사고
두부를 산다
눈 들면 눈앞에
남한강 흐르고
남한강 높이 소백산 보이는데
내가 두고 온 교실과 아이들
죽령 너머 안동에서
그 떠들고 재잘거리는 소리
지척인 듯 베란다 문 밖에서 들려오지만
나는 어린 딸을 데리고 놀며
아파트 이웃집 아주머니들과
복도 계단을 청소한다.

단양에서 2

오징어를 한 마리 샀다
미나리도 샀다
갈치 한 마리가 3천 원이라기에
가슴 철렁 들었다 놓아버렸다
오후 내내
미나리무침을 만들고
오징어국을 끓였다
투쟁의 달 5월에
나는 콩나물국이나 끓이고
끓는 국물 뜨거운 거품 속에
동지들의 싸우는 소리
가득히 들려오는데
싸움터를 떠나와
세탁기나 돌리고
방청소나 하고.
오늘은 그만 울화통이 터져
아물지 않은 위장에 소주를 부어댔다
발가락뼈가 부러졌다
다시 허물어지는 속
오오, 나는 정신병인가.

자물통과 열쇠
– 자화상

나이 들수록
잠가놓고 산다
너는 나를 잠그고
나는 너를 잠그고
여는 법은 잊어버린다
그래도 늘어나는
자물통과 열쇠
하늘 보는 일도
열쇠로 열어야 한다
울고 웃는 것도
일일이 잠갔다 열었다 한다
이런 열쇠 모양에 따라
내 얼굴이 두꺼워지고
비, 바람도
피해간다
잠가놓고 사는 일이 많을수록
함께 사는 사람들과 자주 싸우고
만나는 사람들이 무섭다
날이 갈수록
자물통과 열쇠는 서로 믿지 못하고

가슴속은
겨울 건초더미처럼 말라버렸다
확 불지르면
아마도 슬픔이 타는 냄새가
코를 찌를 것이다.

밥 한 그릇

나더러 세상에서 가장 행복한 일이 무어냐고 묻는다면
서슴없이 한마디로 대답하리
밥 한 그릇 먹을 수 있는 일이라고.
병들어 본 사람은 알리
병들어 밥을 먹지 못해 본 사람은 알리
밥 한 그릇 삭혀서 똥을 눌 수 있는 힘이 있다는 것
그게 얼마나 눈물겨운 행복이라는 걸.
사랑도 싸움도 그 다음이다
밥 한 그릇 먹을 수 있게 해준
밥 한 그릇의 소중함을 뼈에 사무치도록 알게 해준
놀랍고 큰 힘,
그 힘에 대해 고마워할 줄 앎은
그 다음이다.
나는 믿는다 그 힘을.
그 힘 앞에 깨끗이 무릎 꿇는다.

나는 집게손가락을 움직이고 싶다

나는 집게손가락을 움직이고 싶다
호흡을 잠시 멈추고
조용히 당기고 싶다
뻥 뚫린 구멍이 보고 싶다
밑바닥이 꼭대기가 되고
꼭대기가 밑바닥이 되는
그런 피라미드를 보고 싶다
그리고 비명을 듣고 싶다
수천억의 소리지르는 비명을 듣고 싶다.

백지

백지가 되기엔
너무 더럽다 나는
아무도 미워하지 않고
아무도 사랑하지 않은
순결한
그 백지가 되기엔
너무 추하다 나는
용서받기엔
너무 늦다 나는
내가 백지가 될 수 있는 날은
언제인가
죽음뿐이다
그래도 나는 그때까지
미워할 사람은 미워하고
증오할 사람은 끝까지 증오하며 살겠다
사랑하는 사람을
한없이 사랑하는 만큼.

운명

비가 오고 오지 않는 것에
내 한 해의 운명이 달라질 수 있는가
아니 하루, 한 시간의 운명이라도 달라질 수 있는가
금방 못자리 볍씨를 뿌려놓고
비가 오면 한 해 농사를 망쳐버리는 농부처럼
그렇게 애태워 보았는가
한창 자라는 벼가
가뭄에 논바닥이 쩍쩍 갈라터지며 말라죽을 때
그 벼포기와 함께 온몸이 타들어가는 아픔으로
속태워 보았는가
비 오는 소리가
죽은 딸 아들 살아오는 만큼 기쁘게 들렸는가
바람이 불지 말아야 할 텐데
오늘 파종해 놓은 비닐하우스가 날아가 버리면
어떡하나 그런 걱정해 보았는가
비가 오는 것에 목숨이 달려
살아가는 사람들에게
나는 무엇을 생산했는가
무엇을 주는가
그렇게 생산도 하지 않고

그렇게 주지도 못하는
오 나 같은 존재여!

비가 오지 않으면 나는 살 수 없다
바람이 불지 않으면 나는 살 수 없다
이 얼마나 하루살이 같은 삶인가.

술

내 키만큼의 내 슬픔이
3년 전에 57kg 나갈 때가 있었는데
그때는 죽도 잘 안 넘어가서
다시는 술 안 먹겠다고
새벽에 혼자 성당에 가서 맹세를 했는데
언젠가
벗들이 보고 싶어
겨울 화양동 계곡에 가서
밤새 세숫대야에 술 퍼다 놓고 먹은 다음날 새벽
도망친 후
복인가 화인가
이제 내 슬픔이
65kg까지
무려 10kg이나 더 나가
그 맹세는 간데없고
술만 먹었다 하면
새벽 속리산에서 도망치고
변산반도 푸른 바다까지 가서 내빼고
수덕사, 마곡사까지 가서도
새벽이면 그만 줄행랑치니

슬픔이여
살쪄서 더러워지는
내 슬픔이여.

그릇에 대하여

그릇은 작아서
접시만 닮아서
담지는 못하고 언제나 넘쳐흐르는구나
슬픔은 눈에 보이지 말아야 한다
슬픔은 손에 만져지지 말아야 한다
그러나 발가벗은 몸처럼 부끄럽게
보이는 슬픔이여
수음할 때 물건처럼 치욕스럽게
만져지는 슬픔이여
슬픔이 아무리 커도
봄 여름 가을 겨울 우뚝 서 있는 산아
슬픔이 아무리 지독해도
봄 여름 가을 겨울 낮은 곳으로만 흘러가는 강물아
본래 그릇이 작아서
쥐뿔도 작아서 접시만 닮아서
넘치기만 하는 나 같은 놈도
얼마큼 참으면
내 슬픔도 보이지 않을 수 있느냐
얼마나 뜬눈으로 밤새우면
만질 수 없는 깨끗한 슬픔이 되어

사랑하는 친구의
완전한 믿음으로
승화될 수 있겠느냐.

솔직하게 말해서

솔직하게 말해서 나는 지금 괴롭다
내 시가 나쁜 것 같아서 매일 지우고 보태고 하다 보면
시가 걸레가 되어 버린다
걸레가 된 시를 매일 꺼내서 뚫어지게 들여다보노라면
내 시가 나쁜지 좋은지 분간도 안 가고
사람이 그만 걸레가 되어 버린다
전교조 단양지회 사무실 작은 읍에는
하루 종일 전화 한 통화 오지 않을 때가 있는데
그럴 때 나는 그 걸레를 붙들고
찔끔찔끔 나오는 눈물을 닦는다
6시 반쯤 일어나
마누라 학교 가는 거 뒷바라지하고
애들 옷 챙겨 입혀
하나는 유아원에 하나는 동네 아주머니 집에
자전거 태워다 주고
아무도 없는 집에서 아침을 먹는 둥 마는 둥 하고
앉아 있노라면
영락없이 나는 화장실 문 앞에 뒹구는 걸레와 똑같다
어떤 놈도 나한테 시 청탁 안 한다
그래 내 시가 그렇게 나쁘단 말인가.

나는 시를 도통한 듯한 어법으로 쓰지 못한다

나는 시를 도통한 듯한 어법으로 쓰지 못한다
뭐뭐 하노니 뭐뭐 오리니 뭐뭐 하거늘 뭐뭐 느가 등등
그런 산전수전 음풍세월 다 보낸 듯한
그런 어법으로는 쓰지 못한다
나는 급하다 나는 빠르다 화다닥 한마디를 씹어 뱉든지
칼로 팍 자르고 쑤시든지 그렇게 말해야 한다
사물의 핵심, 말의 핵심, 눈빛의 핵심
우는 가슴의 핵심을 순간적으로 써야 한다
사람을 보면 너는 없애버리고 싶다든지
너는 미치도록 사랑하고 싶다든지
다시는 만나지 않겠다든지
결코 하면은 안 될 말도
순식간에 해버려야 한다
이것이 아니면 저것이다
흑이 아니면 백이다
진짜가 아니면 가짜다
적이 아니면 동지다
그 둘 중에 하나다
후회할 필요도 없다
모두를 사랑으로 대해야 어쩌고 하는 것은

내 모습이 아니다
본질을 말해야 한다
예술은 본질이다.

2부

산다는 길

무제

물을 보면
가슴이 아픕니다
물을 보면
반가워서 슬퍼집니다
너무 많은 물을 보아도
죄가 많은 것 같고
너무 적은 물을 보아도
죄가 많은 것 같습니다.

겨울 山寺에서

한 번 태어난 솔바람은
언제까지나 솔바람으로 산다는 것을
처음 알았습니다

솔바람이 솔바람을 다스리고
아무도 솔바람을 다스리지 않는
이미 신앙이 되어 버린 바람을
처음 알았습니다

한 발자국 한 발자국 옮기는 자리마다
청아한 물소리 가슴 깊이 흐르고
참나무 잎사귀 하나
굴러가다 조용히 나를 바라봅니다

옷깃을 여밉니다
숨이 막힙니다

나도 모르게 가슴에 손을 얹습니다
사랑에 버림받은 긴 그림자가
솔바람 소리를 내며, 솔바람 소리를 내며

하염없이 나를 따라옵니다.

가을 홍수

감나무 잎이
무당벌레 등 빛깔처럼 물드는
늦가을 오후
부끄러움으로 내 얼굴 물들어가네
그랴, 자네 백 번 옳으이
나는 키밖에 큰 게 없시이
사람의 탈을 쓰고
발밑에 떨어진 건
더러운 위선의 껍질
친구여
사람이 사람의 도리를 못하고 사니
가을이 온통
부끄러움의 홍수로 범람하네.

가을
― 기차표 한 장

네가 사준
기차표 한 장은 아름다웠다
사랑하지도 아니하면서
기차표 한 장은
사랑처럼 아름다웠다
그러나
사랑처럼 아름답다고 말하지 않았다
그냥 고맙다고 말했다
나이를 거꾸로 먹는 남자의 키 위로
은행잎이 구르고
다시 돌아온 가을,
너의 큰 눈이
기차표 한 장과 함께
머물러버린 세월이 되어
고스란히 가슴속에 간직되었다.

혼례의 詩

하늘과 땅이 만나
영원히 숨쉬는 곳
아침과 저녁
먼지 닦아내고
가슴에 불 지피네.
이른 새벽
내일의 양식 준비하는
사람들 생각하고
아침을 한 자리에
저녁을 한 자리에
또한 빛과 어둠을 한 자리에
불러모으네.
그리곤 작은 빛으로 큰 어둠 불사를
사랑의 심지 돋우고
겨울의 차가운 식탁일망정
두 사람의 몫 사이좋게 나누며
발갛게 피 끓어오르는
두 손 잡네.

수도꼭지를 틀며

수도꼭지를 틀며
물의 근원을 생각해 본다
사람이 무엇인가를 생각해 본다
수도꼭지를 틀며
가볍게 왼쪽으로 돌리기만 하면
좍 쏟아지는 물을 보며
물을 이렇게 쉽게 받아도 되는가
물을 이렇게 쉽게 마시고 써도 되는가
수도꼭지를 틀며
좍 쏟아지는 물을 보며
사람만큼 해로운 존재가 있을까 생각해 본다.

봄날 저녁

3월도 다 가고
이른 저녁
강가로 나가 보았다
강물이 급히 흐르는 소리 들렸다

어디
말 한마디, 편지 한 장 보내고 싶지 않은 날
머리 숲 비듬 헤치며 벅적벅적 봄은 와서
나도 모르게 손톱이 거짓말처럼 자라버린 날
강가에 선 한 그루
버찌나무 옆에 기대보았다
나뭇가지에 물 달리는 소리 숨가쁘게 들렸다

그런 소리 들으며
잠시 앉아
내 옆에 있는 아무 돌이나 하나 들고 만져 보았다
돌도 싹을 틔우는가
깊은 돌 속 물 흐르는 소리 고통스럽게 들렸다

이렇듯 봄은 와서

땅바닥을 기어가는
작은 벌레 한 마리도
어디로 가는지 한순간도 멈추지 않고 바삐 가건만

물오르지 않는 몸에
나는 아직도
호주머니 휑한 겨울잠바 걸쳐 입고
쓰레기통 부근 버려진 빈 봉지처럼
지나가는 저녁바람에도 스러지고 있으니

먼 산 우러러
절로 눈물이 난다.

재가 된 8월

온 세상의 속 알맹이에 불이 나서
나무들 잎새 물줄기에도 불이 나서
모락모락 저마다 가슴속 연기가 나서
콜록콜록 숨이 막히는 8월
나는 그대에게 무엇인가 드리고 싶었어요
하찮은 인정 칼로 자르는 것도 배우고
곰곰이 돌아보며 이제껏 지었던 죄
깊이 뉘우칠 줄도 알고
땀방울 흘려서 거두리라
그것만 타이르고 속삭인 8월
나는 그대에게 하염없이 무엇인가 드리고 싶었어요
그대에게 드리고 싶은 마음으로
세상의 밝고 어둠에 눈을 뜨고
그대에게 드리고 싶은 마음으로
하나에서 열까지 길을 열며
눈이 뜨이면 그 눈을
길이 열리면 그 길을
그대에게 드리고 싶었어요
그러나 정작 드리고 싶었던 것은
하나도 제대로 드리지 못하고

활활 타버린 8월
재가 되어 차곡차곡 쌓인 8월.

사랑한다는 것은 어려운 것이리

사랑한다는 것은 어려운 것이리
구체적으로 말 못 하는 것이리
그러나 구체적이지 않으면 안 되는 것이리
그대 앞을 콱 가로막는 산을 보고 무슨 말을 할 수 있으리
그대 두 눈 가득히 넘쳐흐르는 강물을 보고
무슨 말을 할 수 있으리
사랑은 말 못 하는 것이리
그러나 사랑은 기필코 말해야만 하는 것이리
그대 죽고 싶어 환장해 보았나
그대 어디 이 세상 끝나는 곳까지 도망치고 싶어 안달해 보았나
사랑은 죽고 싶어 환장하는 것이리
사랑은 모든 것 다 버리고
쥐구멍 끝까지 도망치고 싶은 것이리
그러나 우린 모르지 정작 행복은 무엇인지
사랑하면 행복은 없는 것
그대 아는가
사랑하면 할수록
그대와 나는 멀어져 가고
이 세상에 남겨두는 것이라는 건 고작 고통의 노래
그래서 하늘과 땅 저렇게 끝없이 떨어져 있으면서도

붙어 있는걸.

화양동 계곡

사람이 보고 싶어 화양동 계곡에 갔었네
나는 보았지만
화양동 계곡의 겨울 달빛
나는 들었지만
화양동 계곡의 청정한 물소리
또는 푸른 잔설에 일어서는 바람소리
그런 것은 내 마음을 조금도 흔들지 못했네
나는 사람이 만나고 싶어
휘이휘이 화양동 계곡에 갔었네
뼈를 깎는 것은 얼음처럼 차가운 밤바람이 아니네
뼈를 깎고 살을 에는 것은
사람이 사람을 미워하고 사랑하는 일이네
그 사람 속에 흘러 들어가는 술이었네
아아 사람들 보니 반가워라
조직과 싸움과 승리에 대한 믿음도 다 버리고 만나는
한밤중의 사람들은 반가워라
술을 마시는 새벽 사람들은 반가워라
재미없는 사람들은 일찍 자러 가고
감상주의는 계곡에 흐르네.

立春

흠뻑 울어버려서 광대뼈가
툭 튀어나온 겨울이
오랜 투병 생활을 한 환자처럼
간신히 문을 닫고 들어간다
그 뒤통수와 그 어깨와
너무 선명히 보았던 닫힌 손잡이를 잡은 그 앙상한 손가락이
가슴에서 지워지지 않는데
얼음이 녹는다
굳이 몇 년인지는 말하지 않으리라
얼마나 오랫동안 싸웠는지도 말하지 않으리라
얼마나 많은 사람들이 죽었는지도
닫힌 문의 손잡이, 그것만
곧 빠질 것 같다
그리고 몇 년인지 말할 수 없을 만큼
그 문은 아무도 열 수 없을 것 같고
또 열리지도 않을 것 같은데
얼음이 녹는다
입술에 경련을 일으키고 관자놀이가 파르르 떨리며
터진 울음이 녹는다
산이 녹고 강이 녹고 骨이 녹는다

정말 녹아내린다
아버지도 녹고 아들도 녹고
어머니도 녹고 딸도 녹는다
국어 선생도 녹고
벌을 받던 아이도 녹고
매달 회비를 내기 위해 개설한 온라인 통장도 녹고
지붕도 녹는다
책이 녹는다 신문이 펄펄 끓었다 녹는다
칼이 녹는다 총이나 대포처럼 혼이 빠져서 녹는다
작은 남쪽나라가
지회 사무실 마룻바닥에 얼어붙었던 걸레처럼
녹는다.

목욕탕에 가면

　목욕탕에 가면 바닥에 뒹구는 일회용 면도기들이 언젠가 두고 보자며 나를 벼르는 것 같습니다.

　여기저기 흩어진 칫솔, 비누, 때타올 등 제 목숨껏 살지도 못하고 쓰레기 더미가 된 일회용들이 으드득 이를 갈며 한결같이 큰 재앙이 되어 다시 돌아올 날을 손꼽아 기다리는 것 같습니다.

　면도를 하는 동안에도, 때를 미는 동안에도 계속 틀어놓은 수도꼭지에서는 보람도 없이 억울하게 버려지는 물들이

　"인간들아, 너희들이 이러고도 무사할 것 같으냐"며 씨불씨불 흘러가는 물들이
　바닥에 질펀한 죄를 씻어 내리며
　언젠가, 언젠가 두고 보자! 그렇게 벼르는 것 같습니다.

화장실 변기 물을 내리며

화장실 변기 물을 내리며
내 똥이 어디로 갔는지 생각해 본다
내 어릴 적에는 할아버지 똥과 아버지 똥이
어머니 똥과 누나 똥과 내 동생 똥이
어울려 모여 있다가
밭으로 가는 확실한 행방을 생각하다가
아파트 10층에서부터 1층까지
이름도 성도 얼굴도 모르는 사람들의
똥과 어울려
어디로 가는지 생각하면
끔찍하다 똥이여
강으로 가는가
바다로 가는가
내 한 사람 물 내릴 때
전국의 아파트마다 수많은 사람들이
물을 내리고 있을 생각을 하면
끔찍하다 똥이여 물이여.

휴지통

갈매기는
내가 버린 휴지들
겨울바다가 봄바다로 가는
결심의 뒤뜰,
휴지통을 빠져나온
휴지들은
구겨지고 처박혀 있다가
내가 못한 결정을 스스로 하고
봄바다로 치솟는
한 떼의 갈매기
나에게 있어서는
쓸모가 없거나 어쩔 수 없는 것들이
겨울바다가 봄바다로 가는 사이에서
그들에게는
한 마리의 갈매기가 되기 위한
하나밖에 없는
알이런가.

사무실의 가을

사방에 문은 닫혀 있고
형광등 불빛만 밝다
가을은 이미
사무실 구석구석에 들어와
오래된 의자처럼 삐걱거리고
밖은 어두울 텐데
손끝까지 퍼져버렸다
시계 초침 소리는
째깍째깍 돌아가는 가을
반쯤 풀려나간 휴지보다
오늘 하루 의롭게 살지 못한 사람
술술 풀려나가 남의 밑도 닦아주고
휴지보다 못한 삶이여
이미
버릴 수 없는
습관이여.

봉헌 미사

봉헌 미사 시간이 돌아왔습니다
천 원짜리가 여러 장 한주머니에 들어 있는 날이었습니다
이걸 다 넣느냐, 한 장만 꺼내 넣느냐, 한 장 꺼내려다 한 장 더 묻혀 두 장 나오면 어떡하느냐 고민이 시작되었습니다
주머니에 손을 넣고 남들이 보지 않게 지폐의 감촉을 느껴 잡힌 게 한 장인가 두 장인가 가슴 두근거리며 손끝으로 확인한 다음
결국 천 원짜리 한 장만 꺼내 겁먹은 표정으로 봉헌함으로 갔습니다
그리고 또 어느 날 봉헌 미사가 시작되었습니다
천 원짜리와 만 원짜리가 한주머니에 들어 있는 날이었습니다
천 원짜리를 꺼낸다는 게 그만 불쑥 만 원짜리가 나와버린 참 난처한 날이었습니다
이미 볼 사람은 다 보았고 멀리서 신부님도 본 듯하여
그만 만 원짜리를 봉헌함에 넣고 오는 날 나는 속이 쓰렸지만 웃고 말았습니다.

산다는 길
― 김수열 선생님께

산다는 길은 비굴할 때가 꼭 있는 길입니다
아니 비굴할 때가 비굴하지 않을 때보다 더 많을지도 모릅니다
각서 한 장 쓰지 않기 위해
학교를 쫓겨났고 세월은 흘러갔지만, 세월은
흐른 만큼 칼끝으로 자라나서 가슴을 도려내고
구차함은 빵으로 부풀어 컥컥 목구멍을 막습니다
굶을 수는 없어 식당을 냈더니 파리들이 날아왔고
그래서 그 파리들한테도 비굴하게 웃으며 술상 차려 대접했다고
깊은 강물보다도 더 알지 못하게 속을 감추고
기가 막혀 비실비실 웃음을 웃는 당신의 길
그것이 산다는 길인가 봅니다
그러면서 또 가야 하는 길인가 봅니다
오른손에 가방 하나 왼손에 가방 하나 어깨에도 가방 하나
그렇게 들고, 짊어지고 찾아가야 할 곳은 찾아가야 하나 봅니다
늙은 부모님께 드릴 술 한 병 깊숙이 찔러넣고
아내를 앞세우고
새끼들 오른쪽 왼쪽 앞서거니 뒤서거니 걸리다가
빨리빨리 안 오고 뭐 하노
엄마 뒤에 꼭 붙어라 소리소리 질러싸며
찾아가야 할 길이 있습니다. 기필코

사람 사는 길이 노동해방의 길이라면
입석표 한 장에도 사람 사는 길이 보이고
다섯 시간 여섯 시간 길고 긴 차 속에서 왝왝 토하는
어린 딸년의 구토물을 신문지로 손수건으로 닦아내며
이놈의 길 다시는 오나 봐라 맹세를 하면서도
때가 되면 다시 허리띠 동이고 나서는 길
아침해 동쪽에서 떠서 서쪽으로 지는 그 길
비굴할 때 비굴하면서
그러나, 에라 한번 죽어도 큰 뜻 하나 앞에는
무릎 꿇지 않고 가리라 하는
그 사람의 길 보이고
오늘도 그 길을 가야 하는가 봅니다.

3부

객지의 달

봄비

아침부터 아내는 허리와 다리가 쑤신다고 한다
딸은 목이 붓고 열이 난다고 한다
약국 가는 길에
봄비가 내린다.

봄소식 2

우리집에 맨 처음 달려온 봄은 안내문이었습니다
어린이집 생활에 필요한 유아용품을 아래와 같이 알려 드리겠습니다
우리집에 맨 처음 달려온 봄은
원복 20000원을 내야 합니다
가방 값 5600원을 내야 합니다
3월 14일까지 유아원 사무실로 내야 합니다
그리고 통지해 온 보육료 39000원
우리집에 봄은 처음 이렇게 달려왔습니다.

악의 꽃

부부 싸움 끝에 아내가 술을 끊으라 한다
내 20년 악의 꽃을 단칼에 절단해 버리라 한다
만약 그렇게 못하겠으면
당신과 나, 우리 둘 사이를 이 부엌칼로 영원히 베어버리자 한다.

아내의 아침

아내는 아침을 못 먹고 출근한다
아내는 한 달에 손가락으로 꼽을 만큼도 아침을 못 먹고 출근한다
호사스런 사람들의 무슨 건강법 같은 얘기는
먼먼 동화 같은 얘기고
해직교사를 남편으로 둔 내 아내는
아침을 안 먹는 게 아니라
먹고 싶어도 먹고 싶어도 못 먹는다
큰아이 유치원 보낼 준비하랴
작은아이 젖 먹이랴
빨래 빨아 널어놓고 가랴
건강 나빠 머리고 배를 움켜쥐고 사는
남편을 위해
토마토철이면 토마토즙 짜랴
양배추즙 짜랴
아내는 아침을 못 먹고 간다
작은아이 앵앵 울면
화장실 문 열어놓고 용변을 보는
아내의 아침은
잃어버린 처녀 시절의 꿈이 방바닥에 걸레로 널리고
빨랫줄에 기저귀로 널리고

아내의 아침은 귀밑에 돋아나는 흰머리로 뽑히고
아내는 몸살을 앓는다.

유치원에서 늙어가고

다섯 살 때도 보냈다
그때는 토끼반이라 했다
여섯 살 때도 보냈다
그때는 사슴반이라 했다
일곱 살 때도 보냈다
그때는 기린반이라 했다
나 이제 유치원에
안 갈래
잉잉 우는 놈을
요리조리 사탕발림으로 꾀어
엄마가 벌어먹고 사는
조건에 따라
아이는
유치원에서
늙어가고 있었다.

미쓰 호산나

딸년이 미쓰 호산나가 되지 못했다고 운다
유아원 여름 방학을 앞둔 어느 날 저녁
여섯 살짜리 우리 딸년
호산나 유아원에서 뽑는
미쓰 호산나가 되지 못했다고 운다
"잉잉…… 선생님이 나는 미쓰 호산나 안 시켜주고……
미쓰 호산나는 예쁜 선물도 받았는데…… 잉잉……"
저녁 밥그릇 앞에 놓고
밥숟갈로 한 숟갈씩 눈물 떨군다
허허 울지도 웃지도 못할 일이구나
유아원에서부터 미쓰 코리아 선발대회 흉내라
미쓰 코리아는커녕
미쓰 호산나로부터 탈락해서 우는 딸년이여.

철가방

여덟 살짜리 큰딸의 목이 애비 손목처럼 가늘다
여섯 살짜리 둘째 딸은 눈 비비고 일어나면 자주 코피를 쏟는다
참교육한다는 애비가 한 달이면 반은 니들을 굶기는구나
학교 가는 학생들로부터 "배달의 기수 지나간다" 소리
등 뒤로 들으며 철가방 들고 배달 갔다 애비는.
"88라이트말고 도라지로 다시 바꿔다 주슈"
손님 말 떨어지기 무섭게 담배 심부름까지 갔다 왔다 애비는.
그렇게 해서 먹고 살았다 애비는.
오오, 기어코 분식점 가게 앞 가로수 가지 위로 3년째 첫눈은 오는가
애비는 아무도 모르게 언 땅을 깊이깊이 파고 눈물을 묻는다.

아버지와 함께 누워
– 해임과 관련하여

모기향을 피워놓고 아버지와 함께 누웠습니다
이렇게 곱사등같이 굽은 허리가 앓는 기척
아버지와 함께 누워 잠을 자본 지 얼마나 오래되었는지 모릅니다
천수답 서 마지기 논 팔아 셋째 세탁소 차려주었다는 이야기
비같이 문 밖으로
새끼 낳은 고양이가 사람 소리처럼 울고 갑니다
이제 힘겨워서 개도 고양이도 더 먹이지 못하겠다고
아버님 말씀이 소리 나지 않게 더덤더덤 지나가고
허리를 똑바로 펴서 반듯하게 눕지를 못하고
아버님이 뒤척일 때마다 신음 소리를 냅니다
잠드신 아버지를 물끄러미 내려다보면
아버지의 온몸이 바로 농촌이었습니다
아버지가 숨을 거두면 농촌도 숨을 거둘 것입니다
아버지의 손도 아버지의 발도
아버지의 괭이, 아버지의 삽자루도 모두 죽을 것입니다
나도 죽은 것입니다 그래도 만약 내가 숨쉬고 있다면 그것은 내가 아닙니다
아버지의 순결한 땅기운일 것입니다.

좌변기에 앉으면 아버님 생각이 난다

좌변기에 앉으면 아버님 생각이 난다
모처럼 아들집이라 다니러 오시면
아파트 좌변기에 앉았다가
기어이 용변을 못 보시고
부근 고등학교 재래식 학생 변소로 가서
변을 보고 오시는 아버지
우루과이 라운드가 무슨 소린지 모르시는
칠순의 아버지 등 뒤로
기어이 용변을 못 보는
이 나라 농촌의 신음 소리 들리고
오늘도 신문을 들고 좌변기에 앉으면
밤마다 허리 펴고 똑바로 눕지 못하는
핏발선 고향 논밭이 신문 속에 나타난다.

新단양역에서

봄바람이
살 속을 파고든다
딸 고생한다며
천 리를 멀다 않고 올라와서
이불빨래 밑반찬까지 해놓고
애써 눈물 감추며
개찰구를 빠져나가는 장모님
장모님 등 뒤에서
키 큰 사내
전국교직원노동조합은
손만 흔들고 있었다.

어머님 칠순

어머님 칠순이 돌아와도
전국교직원노동조합은
不法입니다
털쉐터 한 벌 못 사드리고
거리의 교사가
이제는 거리의 자식이 되어
어머님 곁을
동짓달 바람처럼
도망쳐 나왔습니다.

객지의 달

형님, 아내가 5만 원 주면서 얼마 안 되지만
차례상 차리는 데 보태 드리라고 하네요
아내가 벌어먹고 사는 주제에 작지만
별수 있나요. 아버님, 어머님께 드리는 선물도 없이
소액환 한 장 달랑 보냅니다
용서하십시오. 그리고 저는 올해 한가위 달을
그냥 여기 객지에서 쳐다볼래요
어린 딸년과 아들놈이 고사리 같은 손가락 꼽으며
"아빠, 할머니 집에 이제 세 밤만 자면 가는 거지?"
"칙칙폭폭 타고 가는 거지?"
이렇게 졸라대면 눈물 쬐게 나겠지만
형님, 그냥 올 추석은
강아지풀, 고향으로 고향으로 흔들리는
객지의 달 쳐다보며 보낼래요.

깊은 밤

옆집 402호는 관리비와 가스요금, 전기요금, 수도요금이
얼마 나왔을까
그 모든 것을 이번 달에도 어김없이 다 냈을까
위층 504호는 유치원 입학식날 아빠가 갔을까 엄마가 갔을까
갑자기 돌아가는 냉장고 소리 크게 들으며
그런 생각이 났다
간간이 화장실 변기 물 내려가는 소리 쏴아쏴아 들릴 뿐
아들과 딸도 모두 잠들고
아내도 쿨쿨 잠든
失業의 깊은 밤.

돌아와야 한다

나는 물이 될 수 없다
나는 돌아와야 한다
밥을 먹으러 와야 하고
옷을 입으러 와야 한다
나는 물이 되어
흘러가 버릴 수 없다
나는 돌아와야 한다
텔레비전 9시 뉴스 앞으로
귀뚜라미 보일러 앞으로
돌아와야 한다
젓가락 앞으로 숟가락 앞으로
냉장고 앞으로
나는 돌아와야 한다
나는 바람이 되어
저 강을 건너가 버릴 수 없다
충청북도 단양읍 공간 아파트 403호 초인종 앞으로
딩동딩동 소리를 들으며
돌아와야 한다
아내와 돈과 아이들과
지지고 볶으며 살기 위해

나는 제자리로 돌아와야 한다.

옛사랑

오리木 잎 지는
산비탈
개미마저 돌아가고 없는 산길
옛집은 외롭다
목화밭은
묵정밭
긴 밭둑 위로
억새꽃 사투리처럼 흩날리고
산비탈에
떼굴떼굴 솔방울처럼 구르는 옛사랑
멀리
공장 굴뚝 위로
고향이
검은 연기가 되어 타고 있다.

귀뚜라미

붉은 고추 말려놓은
멍석 귀퉁이에서
귀뚜라미 울었다

책보 던져놓고
숭늉물에 식은밥 둥둥 말아 먹던
정지 부뚜막
샛문 뒤에 붙어서
귀뚜라미 울었다

모둠발 비비대고
턱걸이로 내려다보면
빙빙 내 얼굴 비치던
아름드리 물독
그림자에 숨어 귀뚜라미 울었다

뒤안에 대숲 바람
장독대 밑까지 내려와
한바탕 가랑잎과 뒹구는지
내 귀만 놀라는 빈집

긴 바지랑대 끝에
해는 넘어가는데.

아궁이불에 관한 회상

물독에 쪽바가지를 넣으면 살얼음 소리가 바지락거리는 겨울 아침
정지 문틈으로 새어나오는 불빛을 보았는가
초가집 지붕 위에 싸락눈 내리는 소리처럼
자작자작 타들어가는 아궁이 불소리를 들어보았는가
물과 불이 만나 무럭무럭 김이 올라오고
정지 샛문 틈 사이로 들어온 매캐한 연기 냄새에 눈을 뜨던
그때
아하 오늘은 양식이 다 떨어졌나 보구나
그때 나는 보았지
생솔가지 부러뜨리면서 눈물 흘리는 어머니 모습을 보았지.

6월

그것은 멀리서 보면 예닐곱 살 적
들판 산모퉁이 돌아가던 汽笛
가까스로 가까스로
황토 바람에 흔들리던 옥수수잎 배고픈 날
살구알 떨어지는 보리타작 마당에서
검은 치맛자락 쥐고
긴긴 西山 해를 바라보던
그해 열일곱 누님의 눈동자
앞산에 뻐꾹 하면
뒷산에선 뻑뻐꾹 하던
뻐꾹산 가난 아래도 날이 저물면
그제사 온몸에 일어나는 보리까시
어디 겨드랑이뿐이랴
모두 다 잠든 이슥한 밤에도
누님은 혼자 남아
사내 같은 종아리 그래도 처녀라
샘가에 바가지 물소리
밤은 밝은 귀가 되어 소스라쳤다.

솔개미

어릴 때 할아버지는
솔개미를 잡아먹으면 힘이 세어진다고 했다
감꽃이나 윤동초꽃에는
꿀을 빠는 솔개미들이 많아
나는 늘 그 꽃을 씹어 삼키었다
그러나 국민학교 다닐 때 나는
내가 좋아하는 여자애 괴롭히는 녀석과
복도에서 눈이 마주쳐도
내가 먼저 눈을 내리깔고
슬금슬금 교실로 들어와 버렸다
할아버지는
그런 내가 못난 놈이라고
소달구지 바퀴 밑에서 돌아가실 때까지
개구리 뒷다리도 어지간히 달여 먹였지만
나는 언제나 주먹을 쥐었다가도
누가 보면 그만 슬그머니 놓아버렸다.

군불을 때면서

마흔이 다 되어
고향에 와서 군불을 땐다
뿌리째 뽑아낸 마디가 굵은 옥수숫대
밭둑을 걷어차고 꾸역꾸역 기어 올라오는 샛바람을 맞고
속속들이 옥수숫대가 말랐다
쇠죽을 끓이면서
불타는 옥수숫대를 내려다보는
추녀 끝에 매달린 씨받이 옥수수들의 마음
까마귀들이 긁고 간 보리밭의 앙상한 발톱 자국이
씨받이 옥수숫대의 가슴을 후벼팔 때
옥수숫대의 주름살이 옥수숫대의 손가락 열 개가
거센 파도처럼 쏴아쏴아 밀려와
가슴 한복판에 부딪쳐 산산조각 난다
스스로의 평생을 불질러
나를 이 세상에 내어놓고
다 굵은 갈비뼈를 울리는 아버지
삐걱삐걱 겨울나무들만이
팔다리 부딪치며 서 있는
밭고랑, 나의 마음.

저녁 밭길

아버지가 살고 있는 마을의 길들은
지들끼리 속상한 일이 생기면
어릴 적
소를 잃어버리고 수수밭 옆길을 지날 때
아이들의 콩알만 해진 가슴속으로
슬금슬금 꼬리를 감추었다
아이들이 소를 찾아
호박넝쿨에 넘어지며 칡넝쿨에 넘어지며
발목까지 까만 어둠을 묻힐 때
미루나무잎에서 청개구리들은 마을이 떠나가도록 울고
처녀 코스모스들은 씨만 뿌려놓고 떠나가는
바람의 뒷자락을 움켜쥐고
다시 한 번 길가에서 울음을 터뜨렸다
잃어버린 줄 알았던 소가
제 발로 외양간으로 걸어 들어
가지밭이나 고추밭으로 난 작은 길들은
한두 방울 떨어지는 비를 맞으며 총총히 사라지고
여기저기 흩어진 들깨밭 떼기들도
어느덧 빗장을 걸었다.

白露
– 단양에서

내일 모레면 백로다
산그늘 덮이는 사무실에서
이슬 대신에
흰 소주 반 병을 가슴에 붓는다
어디 저 위로
영월이나 태백에서 비가 많이 왔는가
강물이 가을보다 더 앞서서
허리를 허우적거리며 달려가고
바람은 소백산 골짜기에서 내려와
산바람 강바람 어울려
손잡고 달려가고
흰 나비는 세상이 다 제 갈 길인 듯 날아간다
매일 찢어져서
누구를 불러보나
떨어진 문풍지처럼 울면서
나는.

5퍼센트의 고향

1990년 남한의 가을엔
가을비가 5퍼센트만 내리고 있었습니다
벼를 태워버린 논두렁 길 위로
무를 갈아엎어 버린 무밭 고랑 위로
연기 자욱한 들깨밭 뙈기 위로 내리는
5퍼센트의 가을비 속에
이 나라의 농민들이 쫓겨나고 있었습니다
다 죽어가는 늙은이들 5퍼센트만 남겨놓고
이 땅의 뿌리가 뽑혀지고 있었습니다
아아 서기 1990년
남한의 가을
남은 5퍼센트의 고향 위로
한 방울 두 방울 미국비가 내리고 있었습니다.

新농부가

무밭길 엎어지며
하느님이 쫓겨나네요
양파밭길 엎어지며
우리 아버지 쫓겨나네요
볏가마 불태운
농협 창고 앞
하느님 옷에 불이 붙었네요
어허라
삽도 버리고
곡괭이도 버리고
빚더미 경운기도 버리고
우리 하느님들이
알몸으로 쫓겨나네요.

쌀

오뉴월 뙤약볕 아래
논둑새는 잊지 않고 삐익삐익 울고 갔다
아카시아꽃 中天에 흩날리는 온누리
하늘 쳐다보며 어금니 깨물어 맹세하는 사나이와 계집
아들아, 너만은 이 무논 바닥에 땅강아지처럼 기는
땅벌레가 되지 마라
어디 슬픔을 달래랴 논둑새야
한낮의 빛줄기마저 끊으며 우는 매미떼야
귓전에 부딪쳐 돌아가라
여기는 한 톨의 쌀, 바람 속으로 깎여서
다시 흙 속으로 파묻히는 모진 하루가 지는 쌀의 나라
지지리도 못나고 개같이 천대받는 어떤 사나이와
계집의 손톱과 발톱이 뚝뚝 떨어져 나가
묻히는 무덤, 떼어도 떼어도 피냄새 맡고
종아리에 거머리 올라붙는, 여기는
총소리 없는 戰場.

고향哭

고향에 가보았지
쓰레기차를 보았지
'엘리제를 위하여' 멜로디를 울리며
탱자나무 울타리,
고향집 뒷골목을 지나가는
쓰레기차를 보았지
멱 감던 앞 연못엔
연탄재와 똥물로 범벅이 되고
눈에 보이는 것은 허연 비닐,
허깨비처럼 흰 웃음 흘리며
펄럭이는 실성한 고향을 보았지
어허
수입하지 않은 것은
오직 개뿐인가
똥개인지 씨레배 잡종인지
쓰레뜨 지붕 떠나가도록
짖어대는 미친 고향을 보았지
집 지키는 개가 아니라
도둑 잡는 개가 아니라
오직 잡아먹히기 위해 기다리는

고향을 보았지
사람이 길러 잡아먹는 것 중에
제 값을 받을 수 있는 것은
이제 개들밖에 없는지
쇠고랑 차고
주는 것 먹기만 하며
누운 자리에서 똥 싸붙이는
고향이여.

4부

주먹을 쥔 내 손은
외로웠다

자전거 페달을 전속력으로 밟는다

학교가 보일까 봐
학교가 보이지 않는 골목길을 돌아간다
그래도 보이면
고개 숙이고 간다
그래도 보이면
'난 학교 같은 거 안 본다'
속으로 빽 소리치며
자전거 페달을 전속력으로 밟는다.

학교를 훔쳐보러 간다

학교를 훔쳐보러 간다
503호는 무서운 집이래요
그 집 신랑이 전교조 해직교사래요
친구의 아내가 들었다는 소름끼치는 소리를
다시 떠올리며
나는 칵, 도둑처럼 무서운 사람이 되어
학교를 훔쳐보러 간다
시장 봐 오다 자전거 세워놓고
학교만 보이면 훔쳐본다
8개월짜리 어린 녀석을
유모차에 태워 가다가도
학교를 훔쳐본다
공을 차는 아이들을 훔쳐본다
운동장을 훔쳐본다
철봉대를 훔쳐본다
플라타너스 넓은 잎사귀 사이사이에
반짝반짝 튀는 햇살을 훔쳐본다
학교를 훔쳐보는 도둑
그래 나는 무서운 사람이다
날이 갈수록 꿈에 나타나는 학교가 그리워

비록 도둑이 될지라도
나는 학교를 훔쳐보러 간다
저녁을 먹고
어둠에 묻히는 산을 바라보다
그만 또 학교를 훔쳐보러 간다
저쪽 서편 테니스장까지 어둠이 꽉 들어차고
야간 자습을 하는지
교실 두어 개 불이 켜졌다
공동 수돗가를 지나
뒤쪽 현관 옆에도 불빛이 새나온다
아하 숙직실 불빛이구나
그 희미한 불빛도 훔쳐본다
내 두 눈에도 불이 켜진다
왈칵 숙직실로 들어가 보고 싶은 충동을 억누르고
텅 빈 운동장을 한 바퀴 돌면
불 켜진 내 두 눈에서
한줄기 불빛이 새나온다
학교야, 아이들아, 어둠을 찌르고 높이 솟은 게양대야
이 내 눈의 불빛을 보아다오
보이지 않느냐

학교와 너희들의 교실을 훔쳐보는
이 그리움에 사무친 선생의 두 눈에서 새나오는
불빛이 보이지 않느냐.

내 편지는 빨갛다고 돌아오는데

내 편지는 빨갛다고 돌아오는데
약국은 왜 저렇게 많은가
짜장면집에서라도 좋다
너희들 불러모아 놓고
수업 한 시간 하고 싶다
이렇게 편지를 써 보냈더니
내 편지는 수상하다고
수상한 것은 빨갛다고 되돌아오는데
십자가는 왜 저렇게 많은가
내 주민등록 번호는
560212-1783929
신분도 분명한 우리나라 사람이 틀림없는데
수채화도 가르치고 비누 조각도 가르친
대한민국 1급 정교사 정영상이 틀림없는데
나의 어디가 불온한가
가슴에 손을 얹고
나날이 내 죄가 무엇인가 아무리 생각해 봐도
아이들 한번 옳게 가르쳐보자고 하다가
쫓겨난 것밖에 없는데
어째서 나는 제자들에게 답장도 할 수 없는가

내 편지는 왜 아이들에게 전달되지 않는가
도대체 편지 속에 들어 있는
제자들에 대한 그리움조차 조사 받아야 하는 나라여
약국은 왜 저렇게 많은가
십자가는 왜 저렇게 많은가.

나는 너희들에게 편지를 쓰지 못한다

나는 너희들에게
편지를 쓰지 못한다
나는 너희들에게
전화를 걸지 못한다
나는 그렇게 수상한 사람이다
내 편지는 수상하기 때문에
너희들 엄마 아빠가 먼저 뜯어본다
내 목소리는 수상하기 때문에
너희들 엄마 아빠가 바꿔주지 않는다
수업 흉내라도 한번 내보고 싶어
짜장면집에서 만나자고 써 보낸 내 편지
그것이 참 수상했던 모양이다
혹 짜장면집에서
의식화 교육이라도 시키지 않을까
더럭 겁이 났던 모양이다
아하, 너희들에게 전화 한 통 걸 수 없을 만큼
너희들에게 답장 한 장 쓸 수 없을 만큼
나는 수상한 사람이 되었을까
그리움마저 수상하다고
감시 당하고 조사 받아야 하는 나라

이 피눈물 나는 나라에서
그리운 제자들아
나는 확실히 수상한 사람이 되어 가는구나.

주먹을 쥔 내 손은 외로웠다
- 그들이 일을 끝내고 가버렸을 때

그들이 일을 끝내고 가버렸을 때
나는 사무실 구석 벽에 세워둔
낡은 플라스틱 빗자루보다 더 초라했다
그들이 일을 끝내고 가버렸을 때
하늘은 푸른 하늘이었다
전국교직원노동조합 아홉 자 썬팅 글씨를 뜯어가 버린
동쪽 창문엔
올해의 4월이 피 한 방울 흘리지 않고
신록으로 돋아나고
앞산은 절경이었다
오후의 쓰레기차가 지나갈 시간이었다
그들이 일을 끝내고 가버렸을 때
그들이 내 두 팔과 김 선생 두 팔을 꽉 붙들어놓고
전국교직원노동조합 단양지회 간판을 뺏어가 버렸을 때
아무도 김 선생처럼 창자가 뒤틀리지 않았고
아무도 나와 함께 굵은 눈물을 흘리지 않았다
그들이 일을 끝내고 가버렸을 때
모든 길들은 제 갈 길로 뻗어 있었고
주먹을 쥔 내 손은 외로웠다.

해직 1년

달력을 보면
요일과 날짜들이
아이들 얼굴이 되어
우르르 달려온다.

요일과 날짜들
더 자세히 들여다보면
요일 밑에 우리 학교 가는 길도 보인다.

날짜와 날짜들 사이엔
두고 온 수업시간표도 보인다.

넘기는 달력의 갈피갈피마다
1년 넘게
밥줄 끊기고도
늠름히 싸워온
동지들 얼굴이 보이고

아아 달력을 보면
푸른 힘줄 솟은 그들 이마 위에

다시 학교로 돌아갈
그리운 날짜 보인다.

인질
– 어느 학부형의 넋두리

캄캄한 어둠 속에서 돌아오는 아이들 보고
그놈의 자율학습인가 뭔가 강제로 붙들어두는 방법만이
꼭 옳은 것인가 따지고 싶었습니다.
중학교 1학년 딸애가 전과목 보충수업을 받아야 할 만큼
정규수업이 부실할까? 깊은 회의가 일어났지만
차마 물어볼 수 없었습니다.
학교에서 참고지, 문제지 일괄 채택하고 그저 학부모는 소리 없이 돈만 내야 하는가 싶었지만
항의는커녕 믿을 수밖에 없었습니다.
체육성금이니, 금강산댐 기금이니, 적십자 쌀모으기 운동이니
말로만 성금이지 일정한 금액을 꼬박꼬박 갖다 바칠 때는
이건 또 하나의 세금을 내는 것이 아닌가 하고
속으로 원망도 했습니다.
자유저축이라는 미명하에 적금 들듯 들어야 하는 강제저축,
반공영화를 보여준다면서 체육관 강당에다 밀어넣고 돈 받고 보여주는 이상한 문화교실,
실장, 부실장 된 죄로 기만 원씩 내야 하는 소풍, 수학여행 등
할말이 태산 같았지만 그냥 입 다물고 말았습니다.
교육세는 교육세라 치고
육성회니, 어머니회니 하면서 적잖은 돈을 갖다 내었는데도

왜 겨울이면 하루에 한두 시간밖에 난로를 못 피우고
아이들이 오돌오돌 떨면서 공부해야 하는지
주일마다 달마다 그렇게 시험만 쳐야 공부가 제대로 되는지
제5공화국은 정의사회 구현이라는 교과서를 보면서
교과서 내용을 이렇게 거짓으로 채워도 되는지
정말 의문이 꼬리를 물고 또 물었지만
그래서 분노로 가슴 떨렸지만
어쩝니까? 참을 수밖에 없었습니다.
왜냐고요? 학교가 우리 아이를 인질로 잡고 있었기 때문이었습니다.
문교부가 우리 아이를 볼모로 잡아두고 있었기 때문이었습니다.

봄은 되었건만

하늘이 왜 푸른지 물어보고 싶었다.
(직경 10cm, 서울의 거리에 강 선생의 머리카락이 백골단의 손아귀에 뽑혀졌다)
하늘이 왜 푸른지 도무지 이해할 수가 없었다.
(경주에서 올라온 김 선생의 조국이 있는지, 조국의 땅이 있는지)
우리에게 어머니가 있는지, 봄이 왜 오는지, 나에게
아내가 있는지, 나에게 딸이 있는지
물어보고 싶었다. 나에게 낮과 밤이 있는지
나에게 밥이 있는지, 옷이 있는지
빼앗기지 않은 무엇이 있는지
물어보고 싶었다. 내 몸뚱아리를 내 손으로
쥐어뜯으며 물어보지 않고는 견딜 수가 없었다.
나에게 눈이 있는지, 나에게 귀가 있는지
내가 내 입으로 무엇을 말할 수 있는지
아아 나에게 손발이, 팔다리가 있는지
빼앗기지 않고 남아 있는 것이
무엇인가
길은 왜 있는가
내가 가야 할 길은 있는가
봄은 서울 영등포경찰서에서 시퍼렇게 멍이 들어 있는데
봄이 왜 오는지.

탱자꽃

여섯 살 어린 딸아이 데리고 아버님 어머님 뵈러 갔다

아내에게 말도 없이
노동조합도 뒤로 하고
딸아이 갈아입을 옷 몇 가지 가방에 쑤셔넣으며
눈물이 났다

차 시간도 모르고
쫓기는 사람처럼 딸아이 손에 꼬챙이 사탕 쥐어주고
역전에 왔다

사는 것이 무엇인가
도통 상투적이라 생각해서
잡글에도 잘 안 쓰는 말
왜 이렇게 오늘 입에 뱅뱅 도는가

싸움이란 무엇인가
철없는 서른일곱
딸아이 두 눈 바라보며
단양에서 영일만까지 기차 타고 달려갔다

나는 왜 투사도 못 되고, 선생도 못 되고, 아비도 못 되고, 효자도 못 되고
이리 떠도는가, 헤매이는가

노동조합 사람들, 가슴에 얼굴얼굴 못박히듯 아픈데

도망쳐서 나는
고향집 뒤울에
키만 커서 섰다

부끄럽구나, 빽빽한 탱자나무 울타리
무서운 가시침 사이사이, 봄이 왔구나
작지만 하얀 탱자꽃 피었구나.

철새는 날아가고

철새는 날아가고
귀뚜라미 보일러는 돌아간다
돌고 돌아가서
우리집과 이웃집을 데우고
안방이며 아이들 자는 건넌방도 데우고
9시 뉴스데스크 시간에도
보일러는 돌고 돌아가서
내가 앉은 자리 엉덩이까지 뜨뜻하게 하는데
어느 후미진 골목집일까
식은 물주전자 하나 댕그란 여인숙방일까
깊은 밤
일곱 딸자식 생각하며
고단한 수배의 몸은
잠 못 이루고

차디찬 감옥일까, 독방 마룻장 바닥일까
아이들의 미래를 어깨에 짊어진 囚人은
오늘도 시퍼런 쇠창살 붙잡고
젖은 눈 움직일 줄 모르고
아, 모질고 질기게 계속되는 싸움이여

不法의 조국 하늘에
철새는 날아가고
귀뚜라미 보일러는 돌아가는데
사랑하는 우리의 선생님과 囚人의 척추뼈
뼛속까지 겨울은 찾아온다.

단양에서 3

이곳 단양에는 태풍도 겨우 앞산 떡갈나무 잎사귀들 북쪽으로 뒤집어놓고 비껴가고

강물은 겨우 立秋의 발목 언저리까지 차올라왔을 뿐이다

1992년 초가을 대낮이었다
나는 사무실에 앉아 창밖을 내다보고 있었다. 하루에 한 번씩 우체부는 왔다가 제천에서 보내오는 한겨레신문을 던져놓고 가고, 3년 전 보따리를 싸들고 미술실에서 쫓겨날 때처럼

닭벼슬보다 더 붉게 맨드라미는 다시 피는데
그때 그 아이들의 편지는 이미 끊어진 지 오래되어 버렸다

三伏 더위가 다 가도록
형님과 조카들의 얼굴조차 보지 못했고, 칠순의 부모님께 그 흔한 수박 한 덩이 사가지 못했다. 교육대개혁과 해직교사원상복직을 위한 전국교사추진위원회 위원장의 모가지가 버혀지는 동안

죽령을 넘어가는 구름은 날 모른다 하고
날이면 날마다 눈앞에 마주보는 산은 날 모른다 하고

술주정 탓인가, 사람 못난 탓인가
간신히 사귄 사람들마저
하나둘 내 곁을 떠나가 버리고

나는 목이 아프다
나는 배창자가 아프다.

그대 찬가를 완성하기 위하여 2

방학생활계획표를 만드는 미술 시간
12월의 교실 창문엔
언제 왔는지 온갖 슬픔의 무리들이
하염없이 우리를 내려다본다
하늘과 나무와 침묵이
그 슬픔의 무리들 등 뒤에서
미래를 짐작하는 예언자의 자세로 섰고
비는 저녁 6시쯤 고통스럽게 신음 소리 내며
어둠을 뚝뚝 짓뜯고 내리려는지
아무도 모르게 병을 간직한 사람을 가슴 아프게 한다
책상과 책상 사이
아이들 속을 오락가락하며
운동선수의 빈 의자에 잠시 앉았다가
아이들의 소곤거리는 신비 속에 귀가 열리고
콤파스로 시계 모양 둥근 동그라미를 그리는
푸른 잠바 아이에게 문득 눈을 주면
그 틈을 비집고 달팽이의 촉수만큼 아늑히 가슴 찔러오는
오오 그대 그리운 열 손가락.

일직날

톱밥난로 가에
바삭바삭 시간이 데워지고
시간 속의 물이 끓는다.
일찌감치 교감마저 자리를 떠나고
삼삼오오 늙은 선생들이 모여 앉아
희망 없는 앞날을 한탄하는
토요일, 재수없는 일직날
교문 밖에는 하늘이 가라앉는 듯 어둡고
불이 불을 달구어
펄펄 주전자 뚜껑이 소리를 내지만
말은 돌면 돌수록 비겁해지는 건가.
연구점수가 높은 누구는
평소에 교활했다느니
누구는 교감에게 잘 보였다느니
애꿎은 사람들 구설수에 올라가고
기다리는 봄비 대신
창밖엔 뜻밖의 메시지처럼
3월의 눈이 내려오고 있다.

3월

3월이 온 후로
해가 동쪽에서 뜬다는 것을
한 번도 생각하지 않았다
3월이 온 후로 줄곧
빗자루니 걸레
휴지통 물조리개 나누어주는 일만
눈앞에 어른거리고
특별구역 청소 분담이 잘 되었는지
1학년 4반 아이들이
그것을 잊어버리지나 않았는지
자다가도 그 생각만 할 뿐
3월이 온 후론
아무것도 생각하지 않았다
하숙방 책상 위에 팽개쳐 놓은
쓰다 만 시들이
욕지거리나 하지 않는지
교정의 나뭇가지 끝에서 흐르는 물이
오늘쯤은 산모처럼 몸부림이라도 치지 않는지
그런 건 통 알 길 없고
변소마다 새로 반 표시를 하다가

6시가 넘으면
어둠이 온다는 것도 까맣게 잊어버렸다.

吉人
– 김광택 선생님께

1

당신을 만나고 와서
내 몸엔 당신의 물이 들어버렸습니다
감나무잎에 가을물 들듯이
내 두 눈에 당신의 물이 들어버렸습니다
돌아와 몇 날 며칠까지
내 걸음걸이가 다시 걸리고
꿈을 꾼 두 손에, 옷자락에
당신의 아름다운 영혼이 물들어버렸습니다.

2

얼굴을 씻으면
더러운 내 삶이 뚝뚝 흐르는
자리에, 계명산의 가을이 내려오고
당신이 기르는 염소와 꿩과 토끼들이
나를 빤히 쳐다보는 듯합니다
이미 염소와 꿩과 토끼의 눈을 닮아버린 당신,

못다 가르치고 온 아이들 생각하며
오늘은 어린 염소새끼와 얘기를 나누었는지요?
아니면 어릴 때 잃어버린 장끼 한 마리와 얘기를 나누었는지요?

3

1991년 11월 6일
마침 염소가 새끼를 낳은 날,
당신은 이날을 吉日이라고 하였지요
그래요, 솔잎 하나에서도 세상의 이치를 보는 당신,
당신의 옆모습을 몰래 훔쳐보며
나는 당신이야말로
언제나 吉日을 받아놓고 사는
吉人이라고 생각했습니다.

오근장역*에서
– 캥거루 해직교사 강성호 선생님을 생각하며

종일 도교육청 현관 시멘트 바닥에서
징계항의 농성을 하고 돌아와
6시 59분 통일호 열차를 기다린다
아스라이 철길 저 끝으로 민들레빛 저녁노을이 깔리고
강 선생은 역 한 귀퉁이 잔디밭에서
안고 다니는 젖먹이에게 우유를 빨린다
시집은 진주, 친정은 청주에 있건만
아무도 손자 하나 키워줄 형편이 못 되어
20만 원 넘는 육아비를 벌어보려고
남자가 캥거루처럼 어디를 가더라도
젖먹이를 안고 다니며 벌써 일곱 달째
아기를 키우는 강 선생
우유병을 들고
기저귀를 들고
아기가 울 때 입에 물리는 인조 젖꼭지를
화장지에 곱게 싸서 주머니에 넣고 다니며
아기를 키우는 해직교사 강 선생
애 엄마는
화장실에 가면
애기 생각에 오줌도 잴금잴금거린다는데

남편에게 애 맡겨놓고
오늘도 직장에서 가슴이 얼마나 찢어질까
설상가상으로
오근장엔 군용비행장이 있어
오늘도 동족과 싸우기 위해 훈련을 하는지
전투기는 오근장역 하늘을
십 분 간격으로 새파랗게 찢고
강 선생은 까무라치는 그 어린것의 귀를 막는다.

* 오근장역: 청주 근교에 있는 작은 역

맑은 눈
– 해직교사 안수정 선생님께

아가위, 산수유 열매 따먹고
산만이 아는 꿈 하나 키우다가
어느 날 사나운 포수에게 쫓겨
산을 등지고
아가위, 산수유나무에 눈물을 뿌리고
험한 세상 내려와
병까지 얻은
사슴, 사슴의 눈
다시 돌아가야 할 그리운 산자락 비치는 그대 눈 속에
우리들의 이루지 못한 꿈도 들어 있지요
아직도 쩡쩡 산을 울리는 총소리에
우리들 모두 빼앗기고 쫓기는 신세이지만
그대 눈을 바라보고 있노라면
빼앗기고 쫓기는 사람끼리끼리
얼마나 사랑하고 있는가를 알 수 있지요
한 점 티도 없이 맑은 눈
그대 눈을 바라보고 있노라면
우리들의 무서움도 우리들의 때묻은 이기심도 씻겨 내리고
우리들은 문득
어린 시절 기억 속의 보랏빛 제비꽃으로

오오라 그렇게 우리들은 제비꽃으로 피어나서
꽃잎에 맺힌
이른, 아침 이슬 같은 그리움으로
반짝반짝 빛나지요.

사랑하고 싶은 사람 박화영

따뜻한 봄날
새싹을 보면 아껴주고 싶듯이 그렇게 사랑하고픈
사람이 있습니다.
언제나 만나기만 하면 꼭 술 한 잔 사주고
그러다 어둑어둑해지면 그만 자고 가라고
소매를 붙잡아 집으로 데리고 가고 싶은 사람이 있습니다
아침에 일어나 바삐 갈라치면
기어이 붙잡아 밥 한 그릇 먹고 가게 하고 싶은 사람이 있습니다
돌미나리 산나물 냄새 나는 4월의 단양 장날
모처럼 그가 나타나면
시장 골목 어디 선술집으로 가서
아무에게도 말하고 싶지 않던 비밀 한 가지
그에게만은 살짝 귓속말로 일러주고 싶습니다
혼자 먹기 아까운 음식이나
혼자 갖기 아까운 물건이 생기면
몰래 숨겨두었다가
돌아가는 그의 뒷손에 가만히 쥐어주고 싶은
사람이 있습니다.

길
― 오일창 선생님께

이미 오래 전부터
우리들 가슴에 들어와 살고 있는
길 하나 있었습니다
버겁고 어려울 때마다
곧잘 삐대고 비비고 하면서도
그 길의 고마움을
늘 잊고 산 우리들
당신의 한 발자국 한 발자국
옮기는 자리마다
물소리에 씻기듯
세상의 더러움 씻겨가고
당신이 잠시
우리 곁을 떠나는 오늘
오늘에야 비로소 우리는
소리 없이 밝아오는 새벽길을 보았습니다
우리들이 모르는 사이에
우리들 가슴에 들어와 스승처럼 가르친
당신의 길을 보았습니다.

거울
- 조석옥 선생님

그를 만나고부터 우리들은
자신도 모르게 조금씩 고백하는 것을 배웁니다
자신만 알고 아무도 모르게
자신의 가장 깊숙한 곳에 숨겨놓았다고 생각한 것이
어느 날 문득 들켜버린 까닭에
우리들은 그를 알고 난 후부터
그를 두려워하게 됩니다
왜냐하면 그는 거울이기 때문입니다
우리들의 겉모습을 비추어내는 거울이 아니라
우리들의 부끄러운 속을 들추어내는 거울이기 때문입니다
그의 앞에 서면
자신의 치부가 훤히 드러나는 것을 보고
처음엔 깜짝 놀라지만
우리들은 날이 갈수록 한 가지씩 솔직해지는 것을 배웁니다.
그는 금방 돋아난 새순처럼 가냘프게 보이지만
남의 결점을 다 알고 있으면서도
아무도 미워하지 않는 그의 힘은
우리를 두렵게 합니다
그러나 그 두려움이 그를 사랑하는 까닭임을
우리 모두 깨닫고 있다는 것 또한 사실입니다.

김수열

내가 훔쳐본 다음 일기를 한번 보라

   씨팔 그놈의 돈이 한푼도 없다
   쌀통 밑바닥은 덜거덕덜거덕 소리를 낸다
   사민이 녀석의 우유통도 바닥이 났다
   며칠째 애들에게 간장과 버터에 밥을 비벼 먹이고
   매운 걸 먹지 못하는 어린것들에게
   시뻘건 김치를 얹어주며
   우리 유빈이, 우리 슬빈이 잘도 먹는다고
   마음에 없는 소리를 해댔다
   니들은 못난 애비 덕분에 커서 반찬투정 안할 거다

그러나 이 일기를 비웃듯
일기를 토막토막 내며
물가는 하늘 높은 줄 모르고 치솟고
1992년 대한민국 빙판의 거리를
김수열이 실실 웃으며 걸어간다
만나는 사람마다
"어떻게 살아요?" 물으면 "밥 먹고 살지요" 대답해 주며
아내와 세 아이를 거느린

실로 처절하게 늠름한 모습으로
김수열이 걸어간다, 전국교직원노동조합이 걸어간다.

김수열과 포니 투

우리는 김수열 선생님의 포니 투를 똥차라 부른다
서울의 동서가 버리다시피 한 것을 얻어온 차
걸핏하면 뒷바퀴 바람이 빠지고
오른쪽 뒷문 손잡이는 떨어져버려 안에서 열어줘야 하고
문 잠그는 장치는 고장나서 열쇠가 필요 없는 차
한번은 용케 청주까지 갔다 오는 길에
괴산 어디선가 그만 시동이 꺼져버려 오도가도 못해서
진땀 뺐다는 차
그러나 이 똥차의 위력을 보라
남의 일이라면 제 몸을 아끼지 않는 주인을 닮아
젊은 선생님들 많은 단양 땅에는
한 살배기 두 살배기 어린것들 많아
한밤중에 열이 펄펄 끓고 눈동자가 가물가물 넘어갈 때는
앰블란스처럼 달려와 제천 서울병원까지 실어다 준다
해직교사 최윤화 선생님 해산날 앞두고
상시로 비상대기하고 있다가 진통 있단 소식 듣고
가곡에서 제천까지 안전하게 실어날라 아들 낳았다는 소식 전해준다
상선암이나 중선암에서 조합연수가 있는 날이면
코펠이며 가스렌지 김치 막걸리 한 말 부식들 실어나르고
단양역에 조합신문 내려오면 신문 실어오고

어디 반가운 손님이라도 오시면
단양팔경 구경시키고
명절 땐 슬빈이 유빈이 사민이 어린것들 태워서
고향 가는 작은 행복도 실어주는 차
김수열이 똥차인가 똥차가 김수열인가
이 아름다운 사람과 차의 동행을 보라
구세주 같은 동행을 보라.

맹장염
– 김수열 5

단양 '서울병원'에서
맹장염 수술받던 날
아버지도 어머니도 아닌
아내도 형님도 아닌
해직교사 김수열이
입원실 보호자 의자에서
내 앓는 소리 들으며
꼬박 밤을 새웠습니다
오줌 누러 갈 때도 따라와서
오줌 못 누고 끙끙댈 때
뒤에서 같이 용쓰며
꼬박 날밤을 새웠습니다.

김종찬

그의 장기는 '미아리 고개'를 부르면서 하는 몸동작이다
그가 '미아리 고개'를 부르면서 몸동작을 하면
좌중엔 동상이몽이던 사람들도 그때만은 한마음으로 웃는다
"당신은 철삿줄에 두 손 꽁꽁 묶인 채로
뒤돌아보고 또 돌아보며—"
특히 이 부분을 하면서
무릎 치고 당신을 가리키는 손동작을 할 땐
전교조에 처음 나와 입 꼭 다물고 있던
처녀 선생님들도 그만 이빨을 다 내놓고 웃는다
그게 왜 그런가, 그가 코믹해서 그런가
아니다, 물론 잘하기도 하려니와
그의 그런 모습에서 사람들은 원시성을 느낀다
파괴된 인간들 속에서 아직 파괴되지 않은
구석기시대 적 머리칼 풀어헤친 숫총각을 느낀다
'미아리 고개'가 끝나고 앉을 때
그의 검은 얼굴에 분꽃처럼 피어오르는 홍조
그것은 아름답다
지난 여름, 금곡동 산꼭대기 그의 자취방 앞
담장 밑에 활활 피었다 떨어진 분꽃,
그 분꽃처럼 아름답다

그 분꽃의 까만 씨가 가슴속에 꽉 들어찬 사내
아름다운 것이 힘이고, 힘이 아름답다는 것을
두 눈으로 확인시켜 준 사내
이런 사람 있는 한 전교조 튼튼하다
아니 이런 사람 있는 한 우리나라 튼튼하다
아니 이런 사람 있는 한 역사는 발전한다.

정덕화

내가 여자라면
정덕화에게 시집가겠다
아니, 안 된다
내가 여자라도
나만큼 때묻어서는
그에게 시집 못 간다
누가 그에게 시집갈 수 있을까
얼굴이 예쁘다고
분 바르고
화장하고
그에게 시집 못 간다
돈 보따리 두 손에 들고도
그에게 시집 못 간다
그는 사람 중에 무공해 사람이다
다만 충청북도 제천군 수산면 괴곡리
아직도 여름이면 반딧불 길 밝히는 그의 고향,
텃밭에서 갓 따낸
푸른 옥수수같이 꽉꽉 속알맹이 찬 여자
그런 여자 있으면
그의 신부 될 수 있을까.

홍창식

비 오는 날이었다
충북 단양읍 별곡리 '국도순대'집
시장 속으로 비가 왔다
처음에 5급이고
정년퇴임까지 5급인 홍창식
14년을 근무하고도
갓 들어온 사원과 똑같이
일하고 있는
홍창식
별곡리 '국도순대'집
시장 속으로 홍창식과 나란히
비가 오고 있었다.

진흙
– 김병철

아직도 진흙인 사람이 있다
진흙길인 사람이 있다
아직 포장되지 않은 인간이 있다
도시의 길처럼, 시멘트처럼, 아스팔트처럼, 콘크리트처럼
포장되어 버린 이들은 그와 친구 못 한다

진흙길을 걸어가면
진흙이 발에 달라붙어 고통스럽듯이
아직 사람을 만나 서로 고통을 나눌 수 있는
진흙 속엔
가끔 돌멩이처럼 빤질빤질한 놈,
구두나 빤질 닦아 신는 놈, 흙을 묻히지 못하는 놈

그런 놈들은 진흙 속에 발을 딛지 못한다
진흙을 싫어한다
장화를 신고 들어온다
맨발로 진흙을 밟을 수 있는 사람들
진흙을 거추장스럽다고 하지만
진흙은 사람의 본모습이다
진흙을 빚어서 사람을 만들었다고 하지 않는가.

동지의 무덤*에 풀을 베며

동지의 무덤에 풀을 베며
내 속에 자란 잡풀도 함께 베어낸다.
싸움 속에서 남 몰래 자란 흔들림을
한 움큼 움켜쥐고 사정없이 베어낸다.
동지들 몰래 마음속으로 흔들린 것도 흔들린 것이니.
오늘 동지의 무덤에 풀을 베며
우선 깨끗이 나를 베어내고
나를 벤 그 낫을 들고
목표 분명하게 동지의 무덤을 내려온다.
밥줄 끊긴 세월, 그만큼 뚜렷해진 길
이제 베어야 할 것은 모조리 베어야 할 때가 왔다.
동지의 무덤 위에 푸른 하늘만큼
시퍼렇게 낫을 갈아야 하는 계절,
가을이 왔다.

* '동지의 무덤'이란 故 배주영 선생님 무덤을 말함.

5부

깃발을 보면 눈물이 난다

내가 저주하는 사람

잘 길들여져서 시키는 대로 하는 사람을 로보트라 부른다
주인이 시키는 대로 물어뜯는 개를 사냥개라 한다
손을 대어 사람을 직접 죽인 사람을 하수인이라 한다
어떤 이기적인 목적을 위해서 인간의 존엄마저 스스로
버리는 사람을 기회주의자라 한다
앞잡이 · 주구 · 노예 · 끄나풀 · 괴뢰

식칼 1

식칼은 무를 통째로 자른다
식칼은 순대나 곱창 같은 것은
잘게 잘게 썰어버린다
식칼은 문어나 노가리의 목을
한칼에 잘라버린다
식칼은 닭의 모가지도
단칼에 잘라버린다
아니 식칼은 닭의 모가지를 비트는
그 손목도 단칼에 잘라버린다.

식칼 2

식칼을 쓸 때가 많다
아내가 벌어먹고 사는 동안
나는 부엌에서
하루에 한 가지씩은
썰거나 잘라서 먹는다
무를 통째로 자르거나
생선의 목을 자를 때
내 눈은 빛난다
깎을 때보다 자를 때
전율이 온다
이렇게 먹기 위해서만 썰거나 잘라야 하는가
식칼의 용도를 바꿔보고 싶다
짐승 같은 나라.

개구리 울음

우리나라에
봄이 오면
개구리들이
이렇게 운다
다 잡아먹어라
다 잡아먹어라
포크레인까지 동원해서
다 잡아먹어라
씨도 남기지 말고
다 잡아먹어라
이렇게
악을 쓰며 운다.

안부

산아
불러보았다
산이 무사한지
답장 오지 않는 편지를 기다리며
눈뜨자마자
강물아
불러보았다
강물이 무사히 흘러가는지
아이들 이름 부르듯
나무야 풀잎아
불러보았다
나무들이 뿌리째 뽑혀 끌려가지나 않았는지
금방 돋아난
풀잎들의 그 연한 속살에 피멍이나 들지 않았는지
백주 대낮에
맞아죽는 젊은 봄, 봄
하느님인들 무사할까
혹 쥐도 새도 모르게 하느님조차 붙들어가서
쇠몽둥이로 초주검이 되도록 두들겨 패지나 않았는지
아아 쥐어보면 이 땅의 돌멩이 하나에도

피 흐르는 5월
불러보았다
사랑아 그리움아
너희들은 무사한지.

화염병

죽기를 망설인 적이 없다
산산조각 나서
죽기 위해 태어났다
온몸을 불살라 죽는
그 죽음이 두렵지 않은 것은
그만큼 조국을 사랑하기 때문이다
민주주의는
적의 발 앞에 떨어져
장렬히 죽는
마지막 부릅뜬 눈이다
그때 그 눈은
처절하게 아름답기 때문에
비로소 적의 간담이 서늘해진다
바로 그 간담을 서늘케 할 만큼
조국을 사랑한다는 이유로
그는 이 나라에서
대역 죄인이다
그러나 그는
죽기를 포기할 수 없다
통일이 되는 그날까지

조국의 거리에서
하나의 사상으로 나뒹굴 것이다.

내란

한 떼의 병사들이
살육을 감행하고 있다
닥치는 대로 무찔러버리는
몽고 병사들이 다시 온 것처럼
도시는 최루탄 안개가 자욱한데
맨드라미 같은 꽃들을 보면
여지없이 겁탈하는
포악한 병사들이 있다
산은 붉게 물들었다가
앙상한 뼈를 남기고
길바닥엔
들국화들 수없이
치부를 드러내놓은 채 죽어 있었다
누구의 짓인가
잔인무도한 저 병사들을
이끌고 진격하는 대장은 누구인가
쇠약한 국토처럼
짓밟히는 가을,
누구를 목버힐 것인가
가을, 그 스스로의 내란인 것을

스스로 살육했다가
스스로 패망하는 것을.

깃발을 보면 눈물이 난다

경찰이 사람을 쇠파이프로 때려죽인 나라에선
님을 위한 행진곡을 부르다가
그만 눈물이 난다
경찰이 사람을 총으로 쏴죽이는 그런 나라에선
노동자들의 깃발만 보아도
그만 눈물이 난다
가을이 오고 들국화 피면 더욱 야속하다
쇠파이프에 아들 잃고
아들의 죽음을 항거하는
그 아버지를
도리어 철창 속에 가두어버리는 나라에선
첫눈 오리라는 소식만 들어도
그만 눈물이 난다.

부검하고 싶어 미치겠어요

부검하고 싶어 미치겠어요
최루탄에 맞아 죽은 대학생이나
군홧발에 짓밟혀 죽은 대학생이나
고문당해 죽은 노동자의 시체를 보면
미치겠어요 부검하고 싶어.
얼마나 부검하고 싶으면
꼭두새벽에 수백 명 전투경찰까지 동원하여
병원 영안실 시체까지 탈취해서
부검했을까요?
이토록 부검하고 싶어 환장한
나는 누구일까요?
나는 검사일까요? 판사일까요?
그보다 더 높은 사람일까요?
아무렴 어때요
그토록 부검하기가 소원인 사람이니
언젠가 우리가 그를 부검할 때엔
조금도 원망하지 않겠지요.

어느 물고기의 최후진술

낚시를 놓으면 낚싯바늘을 꽉 물어 잡혀줬어요
그물을 놓으면 수십 마리씩 그물 속에 들어가서 잡혀줬어요
전기 배터리로 고문하는 것까지도 용서하며 죽어주기도 했어요
그렇게 잡혀서 회를 쳐 먹든, 매운탕을 끓여 먹든, 기름에 튀겨 먹든
마음대로 요리해서 먹어도 상관하지 않았어요
그러나 아저씨들
제발 우리들이 4만 마리 5만 마리씩
한꺼번에 물 위로 떠올라 죽게 하지는 말아주세요
그런 일가족 몰살만은 말아주세요
눈깔이 빠지고, 배창자가 흘러나오고
아가미에 혹이 나고, 비늘과 지느러미가 썩어 문드러져 나가는
그렇게 기형이 되도록 잔인하게 죽이지만 말아주세요
우리들이 무슨 죄를 지었나요
우린 그 무시무시한 악법 같은 거 어긴 일 없어요
우린 국가보안법이 뭔지도 모르고
체제를 현저히 위협한 일도 없어요
우린 차라리 아저씨들이 원할 때
맛있는 반찬이 되어 식탁에 오르기도 하고
기꺼이 술안주가 되어주었어요
우리들의 꿈은 없어요

잘 먹고 잘 살기도 바라지 않아요
한강에서, 낙동강에서, 금강에서
대량 학살만 면할 수 있다면
오직 멸종 위기, 자손이 끊기는 비극만 면할 수 있다면
우리들은 꿈은 없어요.

신문을 찢는다

신문을 찢는다
사설을 찢는다
한국의 아침을 찢는다
찢으면 나타난다
머리에서 발끝까지 길게 찢으면 나타난다
반동의 활자숲을 찢어 벗기면
놀라지 마라
총칼이 나타난다
띠룩띠룩 살찐 언론의 똥배가 보인다
뉴스를 찢는다
앵무새의 입술을 찢는다
한국의 푸른 하늘을 찢는다
찢으면 보인다
피 흘리고 있는 자유가 보인다
수많은 양심수와 함께 감옥에 갇힌 헌법이 보인다
무기징역을 선고받은 민주주의가 보인다
사형 선고를 받은 사상이 보인다
조간신문을 찢는다
석간신문을 찢는다
한국의 새벽을 찢는다

저녁노을을 찢는다
찢으면 들린다
쇠몽둥이와 최루탄보다 더 비열한
펜에 찔려 죽는 외마디 비명이 들린다
아아 찢어야 한다
찢어야 보인다
찢어야 나타난다
민중의 적
그들의 본색이 나타난다.

UN에 가입한 가을

UN에 가입한 우리나라 가을에
중국 연변에서 신부가 수입되어 왔습니다
UN에 가입한 우리나라 가을에
아비는 쇠파이프에 아들 잃고
쇠창살에 갇히었습니다
오, UN에 가입하고
ILO에 가입한 가을에
곶감과 메주도 수입되고
저 호준가 무슨 나라에서
쇠 창자까지 수입되고
노조 파업장엔 헬리콥터까지 동원되어
가을은 피멍들어 아름답기가
참혹했습니다
오, UN에 가입하고
ILO에 가입한
양심수가 한 명도 없는 나라에선
해직교사 복직시키자는 말 한마디만 해도
모가지가 뎅겅뎅겅 잘려버립니다.

어느 야만국의 국민건강 시험문제

다음을 보기를 보고 물음에 답하시오

```
1) 꼬리치레도롱뇽
2) 무자치
3) 개구리알
4) 장수풍뎅이
5) 능구렁이
```

문제 1. 봄철 신경통, 요통에 좋다고 하여 모조리 잡아먹은 것은?

문제 2. 전래설화에 자주 등장하는 이 나라 토산뱀으로 고산지대의 화전, 초가, 돌담, 두엄 등에 서식하며 정력강장제, 보신용으로 잡혀 이제 민통선 지역을 제외하고는 거의 발견되지 않는 것은?

문제 3. 애벌레 볶은 기름이 간경화, 간암 등에 효험이 있다 하여 무차별 포획, 멸종 위기에 놓인 곤충은?

문제 4. 제주도를 제외한 남서해안의 섬과 본토 지역에 널리 분포하고 있는데, 건강식품으로 각광받으면서 어느 날 갑자기 자취를 감추어버린 파충류는?

문제 5. 경칩이 지나고 논이나 시냇물에서 마구잡이로 건져 내 관광지 등에서 양념까지 버무려 한 그릇에 2000원씩 팔고 있는 것은?

참고 : 보사부 출제자의 말에 의하면 위 문제를 평균 90점 이상 받을 만큼 국민건강 상식 수준이 높아 국민건강에 문제가 없다고 함.

동지와 가을

싸움이 길어지고 있다
잠든 그대 무덤 위로
싸리꽃 피었다 지고
그대 무덤 다시 찾은
먼지 자욱한 신발끈 위로
손가락으로 헤아려 세 번
가을이 오고 있다
퍽, 주저앉아 울고 싶은
가을이 오고 있다.

흑백

검은색과 흰색은 차별되어야 한다
진짜 차별하려면
딱 반으로 갈라서야 한다
합치는 것이 싫다
섞이는 것이 싫다
모든 합치는 것과
모든 섞이는 것은 불결하다
불결은 재미와 쾌락의 산물이다
순수는 딱 갈라서는 것이다
화해와 화합이 없는 세상
흑과 백으로 딱 이분되는 세상
그것이 진짜 안정이다
안정되어 있다는 것은
독립되어 있다는 것이다
독립은 고독하다
검은색은 고독하다
흰색은 고독하다
합쳐지는 회색은 불안하다
진짜 고독은 불안하지 않다
모든 더러운 것과

모든 불결한 것은
완전한 대칭이 되도록 갈라서
더러운 것은 더러운 것끼리
순결한 것은 순결한 것끼리
독립해야 한다
그러나 불행하게도
세상은 뒤죽박죽이다
모든 것이 뒤죽박죽이다
울음과 웃음이 뒤죽박죽이고
슬픔과 기쁨이 뒤죽박죽이고
정의와 부정이 뒤죽박죽이다
진실은 혼합이 아니다
진실은 외롭다
흑이 백을 돕고 백이 흑을 돕는 것은
사기다 위선이다 교활이다 음험하다
흑의 진리는 흑끼리만 가능하고
백의 진리는 백끼리만 가능하다
흑은 흑 혼자서 빛나고
백은 백 혼자서 빛난다
대립되어야 하고 싸움의 편이 확실해야 한다

이것도 아니고 저것도 아닌 것이 두리뭉실해지면
지옥이 천국으로 둔갑하고
흑과 백은 회색의 지배 밑에 신음한다
내 감추어진 모든 것이 드러나
내가 쓰러지고
피투성이 되어 저 땅바닥에 손가락질 당한다 할지라도
흑과 백
검은 것과 흰 것은 갈라서야 한다
모든 더러운 것과 썩은 것은
그때 확실히 제 모습을 드러낸다
흑과 백이
완전히 독립할 때만
세상은 자연이 된다
행복해진다
자연은 흑과 백의 완전한 질서다
완전한 독립은 통일이다.

평론

물처럼, 불처럼
그리고 바람처럼 – 정영상론

물처럼, 불처럼 그리고 바람처럼
- 정영상론

권순긍 (세명대 명예교수, 문학평론가)

1. 짧은 만남, 긴 이별

정영상! 그는 자신을 한 번이라도 만난 사람은 도저히 잊을 수 없도록 끌어들이는 자력(磁力)을 지니고 있다. '사람' 냄새를 좋아한다고 할까? 힘들었던 시절, 모임이 있을 때면 때와 장소를 가리지 않고 아무나 붙들고 밤새 술을 마시며 격렬한 토론을 벌이곤 했다. 정말 불같이 타올랐던 사람이었다. 그 자신도 「주벽」이라는 글에서 "내 술버릇은 한번 마시면 밤을 꼬박 새우기가 일쑤였다"[1]고 할 정도로 그 자리는 늘 밤을 새워 진행됐고 당시 우리는 그것을 당연하다고 여겼다. 그 힘들었던 시절에 이러지 않고는 어찌 살아나갈 수 있었겠는가? 뒤에 안 사실이지만 정영상은 자신과 교감할

---

1) 정영상 산문집 『성냥개비에 관한 추억』, 깊은사랑, 1993, 245쪽. 이하 산문집의 인용은 괄호 속에 '추억'이라 약칭하고 글의 제목과 쪽수만 적는다.

수 있었던 사람들을 너무 좋아해 소중한 그 자리를 그렇게 연장하고 싶었던 것이다. 그리곤 동이 트기 전, 느닷없는 그의 죽음처럼 서둘러 자리를 떠났다. 자괴감이었을까? 아니면 세상의 추한 흔적을 발견하기라도 했던 것일까?

정영상은 이렇게 말한다. "울고불고 나를 조금이라도 섭섭하게 하는 것이 있으면 씹고 또 씹고 그러면서 내가 벌여 놓은 그 실수범벅과 무모함에 대해 술이 깨면 자학과 자기비하로 다시 또 술을 부어 엉망진창의 악순환이 계속된 20대. 아니, 엄밀히 말하면 사실 그것은 지금도 계속되고 있다고 해야 맞을 것이다."(추억, 245쪽) 라고.

하지만 그런 정영상을 우리 모두는 좋아했다. 1991년 1월 28일, 충북 괴산 화양동에서의 저 뜨거웠던 첫 번째 겨울연수 이후, 정영상은 교문창(교육문예창작회)의 '전설'이 되었다. 그도 그럴 것이 전교조 결성과 관련되어 '대학살'을 당한 이후 해직교사로서 그러지 않고는 어찌 그 모진 세월을 견뎌낼 수 있었겠는가!

이른바 '문민정부'가 출현했던 1993년 봄, 이미 교문창의 전설이 된 정영상을 단양에서 다시 만났다. 내가 제천에 있는 세명대학교에 직장을 잡았기 때문이다. 부임이 확정되고 가장 먼저 생각난 사람이 바로 깊은 산골, 단양에서 지회장을 맡고 있었던 정영상이었다. 그는 당시 제천, 단양 지역에서 내가 마음을 통할 수 있었던 유일한 사람이었다. 제천으로 내려간다고 반가움에 서둘러 전화를 했고, 정영상 역시 목소리에 반가움이 잔뜩 묻어있었다. "아, 권선생이야!" 외치는 목소리가 수화기 너머 들렸다. 수많은 연수와 모임에서 밤새워 술을 마셨던 그 시절과 조금도 다름이 없었다. 1993년 봄, 우리는 그렇게 다시 만났다.

나는 밤새워 술을 마셨던 기억을 떠올려 화요일은 수업을 일찍 마치고,

수요일은 아예 수업이 없는 연구일로 시간표를 짰다. 그러곤 화요일 오후면 수업을 마치기가 무섭게 버스를 타고 정영상을 보러 1시간 거리인 단양으로 향했다. 정영상은 천군만마를 얻은 듯이 기뻐했고, 나 역시 이 궁벽한 곳에서 함께 이야기를 나눌 수 있는 동지를 만나 더 없이 좋았다. 정영상과는 해직교사인 김수열(사실은 그의 부인)이 운영했던 읍내의 '독도해물탕'에서 만나 술잔을 나누곤 했다. 거기에는 김수열뿐만 아니라 시멘트 공장에서 노조 대의원을 했던 홍창식(그와는 제천·단양 민예총을 만들어 함께 일을 했었다.)도 자주 들러 같이 어울렸다. 그 셋은 단양에서 마음이 통하는 단짝으로 이미 어울리고 있었던 터였다. 답답한 시절, 우리는 단양의 골짜기에서 그렇게 서로의 마음을 나누었다.

술자리가 끝나면 다시 공간아파트 정영상의 집으로 가서 거기서 또 밤새 술을 마시며 이야기를 이어가곤 했다. 지금 생각하면 출근을 해야 했던 박원경 선생님에게는 말할 수 없이 피해를 끼쳤던 철없는 시절이었다. 시절 탓으로 모든 허물이 용서되던 때였으니.

그런데 어느 날은 술을 마시며 얘기를 나누다 갑자기 감정이 격해져 나보고 제천으로 가라고 하는 것이 아닌가. 그것도 새벽에! 나 때문에 불편한 점이 있는가 하여 할 수 없이 짐을 챙겨 어렵게 택시를 잡아 타고 다시 제천으로 온 일도 있었다. 돌이켜 보면 아마 그날 정영상의 심기를 불편하게 하는 얘기를 했었던 것 같다. 그러곤 다음 날 뜬금없이 전화를 해서는 어제 미안했노라며 제천까지 오기도 했다. 부인이 제천에서 근무하여 자주 왔었노라고 하며. 제천에서 아무도 아는 사람이 없었던 나에게 그런 정영상은 진정 구원과도 같았다.

어느 날은 술을 마시던 정영상이 옆방에서 무언가 뒤적이더니 장판지로 그린 그림을 한 장 가지고 왔다. 나에게 주겠노라 하며 자신을 보듯이 여겨달라는 것이 아닌가. 그 그림은 소가 하늘을 향해 울부짖는 모습이었다. 정영상의 두 번째 시집 『슬픈 눈』을 생각나게 하는 소의 형상이었다. 눈이 큰 정영상과 참으로 닮았다고 여겨 책상에서 바로 보이는 연구실 벽에 걸어 두고 늘 쳐다보곤 했다.

그 며칠 뒤 정영상에게서 편지가 왔다. 뜯어보니 단양의 정진명 선생과 같이 우선 셋에서 '죽령(竹嶺)'이라는 동인을 결성하자는 것이었고, 자신이 최근에 쓴 시 몇 편이 곁들어 있었다. 언젠가 술을 마시던 중 본격적으로 시를 써야겠다며 단양에서 같이 활동할 동인들을 찾아보겠노라고 한 적이 있었다. 해직된 곳, 안동의 '참꽃문학회'처럼. 다음 주에 단양에 모여 동인 결성과 각자 쓴 시를 가지고 품평회를 하자는 내용의 편지였다.

편지에 동봉한 시 중에 눈이 확 띄는 시는 마지막 유작이 된 「돌 앞에 앉아」였다. 그 시를 읽다가 "돌 앞에 앉아 울다/ 돌에 이마를 짓찧고/ 피 흘리고 싶은 날이 있다"에 이르러 소스라치게 놀랐다. 절망의 광기(狂氣)가 마지막 불꽃처럼 처연히 타오르는 느낌을 받았기 때문이었다. 시가 더할 나위 없이 좋았지만 왠지 불안했다. 너무 강렬했기 때문이리라. 이미 죽음을 예견하고 있어서일까?

정영상이 세상을 떠난, 지상에서의 마지막 주에도 어김없이 단양으로 향했다. 정영상이 결성하고자 했던 '죽령(竹嶺)' 동인들을 만나 작품에 대한 얘기를 나누고자 했기 때문이다. 그런데 그날따라 다들 일들이 있어 모임이 온전히 이뤄지지 못하고 전교조 사업 문제로 얘기가 길어졌다. 정영상은 전교조 사업이 너무 안이하게 흐른다며 분개했고, 강력한 투쟁이 필요하다며 목소리를 높였다. 정영상과 그날 밤을 보내고 수요일 제천으로 오는 길에 매포의 중학교에 현장방문(당시 해직교사들이 학교현장을 찾아가 조합원을 격려하는 일이 많았다.)을 간다고 하여 잘 다녀오라는 작별인사를 나누었다. 그것이 정영상과의 마지막 작별이었다.

목요일 아침 학교로 출근했는데 서울 참실(참교육실천위원회) 본부의 최성수 선생에게서 전화가 왔다. 대뜸

"형, 정영상 선생이 오늘 아침 돌아가셨어요!"

하는 소리가 수화기 저편에서 들려왔다.

"무슨 소리야! 어제도 같이 있었는데."

정말 믿기지 않았다. 정영상이 어디선가 불쑥 나타나 "권선생!" 하며 부를 것만 같았다. 김수열 선생의 회고에 의하면 나와 헤어지고 정영상은 단양중학교, 매포중학교로 현장방문을 갔고, 후원회 선생님들과 중국집에서 반주까지 곁들여 술을 한잔 하고 기분이 좋아져 단양으로 돌아왔다고 한다. 술을 더 마시자고 하니,

"오늘은 그만 참지 뭐. 내일 또 봅시다."

하며 집으로 향했다 한다. 그러곤 그다음 날 새벽에 심장마비로 세상을 떠났다. 들리는 말로는 현장방문 당시 해당 학교에서 출입을 막아서는 교장, 교감들과 싸우다 불같이 화를 냈는데, 그게 영향을 미쳤으리라 하지만 확실치는 않다.

4월 15일 오후, 이제는 세상을 달리한 정영상을 만나러 다시 단양을 가는데 온 산이 진달래로 붉게 물들어 있었다. 붉은 진달래 산천을 보고 있자니 돌연 정영상의 부재에 왈칵 눈물이 솟았다. 산천은 이렇게 아름다운데 너는 가고 없구나! 정영상이 술이 거나해져 흥얼거렸던 〈망향〉의 가사처럼 "꽃 피~는 봄 사월 돌아오면", "철따라 핀~ 진달래 산을 넘~고" 있는데.

1993년 봄, 3월 초부터 4월 중순까지 7주 동안 정영상을 꿈결에서처럼 만났다. 무언가 씌운 듯 그는 섬광처럼 내 앞에 나타났다가, 바람처럼 사

라졌다. 정말, 짧은 만남에 긴 이별의 시간이었다. 어쩌면 내게는 슬프지만, '강렬하고 아름다운 시절'이었으리라. 인간 정영상을 뜨겁게 만나 서로의 인연을 만들었으니 말이다. 이제 정영상의 시를 보자.

2. 섬세한 손길로 빚은 '농부가(農夫歌)'

그림을 그렸던 정영상이 어떻게 '시인'이 됐는가? 1983년 공주사대를 졸업하고 안동중학교 미술교사로 근무하면서 시를 쓰다가, 1984년 대전, 충남지역의 문학무크지 『삶의 문학』 6집에 고향 경북 영일군 대성면 오천읍에서 겪은 농촌의 삶을 「귀가일기(歸家日記)」 5편으로 발표하면서 본격적으로 시인으로 나서게 되었다. 시작은 자신이 겪은 농촌에서의 삶이었던 셈이다.

게다가 시를 쓰면서 안동을 중심으로 교육운동에 참여하여 전교협 안동 부지회장을 지내기도 했다. 대학을 다닐 무렵 그는 '광주 5·18 민주화 운동'을 겪었고, 학내 민주화 투쟁의 하나로 단식농성에 참여하기도 한 경험이 있어 대학시절부터 이미 투쟁의 결기를 지닌 인물이었기에 교육운동에의 투신은 자연스러운 삶의 행로가 되었다. 종착지는 당연히 전교조 결성이었고, 역시 전교조 안동지회 부지회장을 맡았다. 그런 교육운동의 도정(道程)에서 1989년 8월 안동 복주여중에서 해직되기 직전인 5월 첫 시집 『행복은 성적순이 아니다』를 펴냈다.

그의 시 「아이들 다 돌아간 후」에도 적시했듯 "행복은 성적순이 아니다/

피 맺힌 유서 남겨 놓고 목숨 끊은/ 어린 열다섯 여학생"[2]이 던진 화두를 시집의 제목으로 삼았지만, 실상 이 시집에는 어린 시절 농촌체험을 노래한 '농촌시'가 교육시보다 많은 부분을 차지하고 있다. 당시 많은 교육시가 그렇듯이 현장에서의 자기반성이 주조를 이루고 있었다.

안도현은 「발문」에서 "교육현장 체험의 시들도 비탄조로 빠져들 때보다는 개인성을 극복하고 구조적 모순 속에서 실천자로서 학생과 함께 어울리는 교사상을 보여줄 때 더욱 감동적"이라 지적했지만, 당시는 전교조 결성 이전으로 교육시에는 조직적 관점이 스며들 수가 없었다. 전교조 결성 이후에도 교육시에는 미처 체화되지 않은 경직된 이념의 조급한 형상화가 두드러져 시적 감동을 격감시키는 요인이 되기도 했다. 정영상 교육시의 빛나는 작품들은 두 번째 시집을 기다려야 했다. 다만 섣부르게 이념을 전달하지 않고 구체적인 삶에 근거한 애절한 목소리는 진정한 교육시의 출발로서 중요한 의미를 갖는다.

이 시기 그의 빛나는 성취는 교육시보다는 농촌시에서 찾을 수 있다. 하여 농촌의 현실에 발을 딛고 사는 가족들에 대한 애틋함이 주조를 이루고 있다. 특히 "허리를 펼 때/ 보리는 아버지의 눈을 찔렀다/ 눈물부터 먼저 고이는 보리밭"(「귀가일기 3」)이나 "저녁이면 거미줄 한 가운데로/ 삽을 멘 아버지가 돌아왔다"(「귀가일기 4」) 혹은 "고향부엌 아궁이 불 꺼져가는 저녁이/ 내 온몸에 퍼져 갑니다"(「귀가일기 5」) 등 등단작인 「귀가일기」 연작은 표현의 섬세함이나 이미지의 환기가 탁월하여 농촌에 살면서 풀 한 포기, 돌멩이 하나에도 애정을 갖지 않고서는 도저히 쓸 수 없는 절창이다. 그 중

---

[2] 정영상, 〈아이들이 다 돌아간 후〉, 『행복은 성적순이 아니다』, 실천문학사, 1989, 9쪽. 앞으로 이 시집에 실린 작품의 인용은 괄호 속에 제목만을 적는다.

「귀가일기 3」을 보자.

> 허리를 펼 때
> 보리는 아버지의 눈을 찔렀다.
> 눈물부터 먼저 고이는 보리밭
> 보리밭 위로 아내의 낫달이 떠가는 것을
> 아버지는 보지 못했으리
> 보리줄기 사이로 숨는
> 어머니의 낫질은 엉겁결에 보였겠지만
> 어머니의 낫끝에서
> 싹둑 싹둑 베어지고 베어져
> 반쪽만 남아 떠가는
> 배고픈 낫달은 보지 못했으리
> 허리를 펴는 아버지의 눈높이까지
> 夏至는 차오르고
> 찡 소리 속에 무당벌레들은
> 하지를 찌르고 또 찔렀다.
> 며칠만 더 있으면 낫달도 저물리라
> 어머니의 육십 평생이
> 어머니의 손에서 베어져서 자취를 감추리라.
> ― 「귀가일기 3」 전문

하지 무렵 보리를 베는 부모의 모습을 통해 아버지 세대가 겪었을 지난한 삶, 특히 어머니로 대변되는 농촌 여성들의 고통이 섬세하게 그려져 있다. 누런 보리밭과 파란 하늘에 떠 있는 낮달의 대비. 여기에 금속성 이미지인 낫이 등장한다. 보리는 생계의 수단이고, 보리밭은 삶의 터전이다. 그 삶의 원천인 보리를 베는 행위는 삶을 희생시키는 것이다. 그래서 뾰족한 보리이삭은 아버지의 눈을 찌르고 눈물을 고이게 만든다. 채워지지 않고 빈껍데기만 남은 농촌의 삶은 아버지보다는 오히려 농촌 여성인 어머니에게 더 가혹하다. 아버지는 보리밭 위로 떠가는 아내의 낮달을 보지 못했을 거라고 한다. 어머니의 육십 평생 고달픈 생애가 보리처럼 덧없이 베어져 '배고픈 낮달'로 떠오르고 결국에는 자취를 감추어 버리는 사실을! 낮달은 존재하지만 그 빛은 태양에 가려 잘 보이지 않는다. 자신의 삶을 희생시켜 가족을 부양하지만 결국 아무것도 남는 게 없는 농촌 여성의 허망한 삶이 베어진 보리를 통해 드러난다. 어머니로 상징되는, 베어져 버린 '배고픈 낮달'의 슬픈 운명이 선명하게 각인되어 있다.

  농촌의 현실에 깊이 들어가 보여준 시적 성취는 「왕겨」, 「두엄」, 「쌀」, 「볏단의 노래」, 「보리들의 遺言」, 「올챙이」, 「볍씨」 등 '사물시'에서도 잘 드러난다. 농촌에서 흔히 볼 수 있는 사물들을 의인화하여 그들의 목소리로 농촌의 현실을 증언하게 하며, 삶의 진실을 깨우치게 하기도 한다. "군불로 지펴져도 좋고", "밟히고 밟히다가/ 그나마 흙 속에 파묻혀도 좋"지만 "한 톨의 쌀/ 그 이름이 욕되지 않"길 바라는 '왕겨'나, "오로지 썩는 일에만 몰두하여……쓰라린 속이 기쁨으로/ 열매 맺힐 때까지 사는" '두엄'이나, "미운 놈 고운 놈 입 가리지 않고 들어갔다가/ 똑 같이 똥이 되었다 나올 수밖에 없는" '쌀', "끌려가기 위해 노예처럼 묶여 있지만/ 무럭무럭 김나는 쌀밥이 될 수 있다구" 노래 부르는 '볏단' 등 이들 모두는 하찮은 농촌의 사물들이지만, 결코 예사롭지 않은 시적 대상으로 거듭난 것이다. 그 하찮은 사물들의 입을 빌어 이들이 우리 인간들의 고귀한 생명을 지켜주고 있음을 증언한다.

멸시 당하고 썩어 없어지면서 발견되는 귀중한 존재감! 마치 고려 후기 신흥사대부의 선두주자였던 이규보(李奎報, 1168~1241)가 「햅쌀의 노래[新穀行]」에서 "한 알 한 알을 어찌 가벼이 여길 건가/ 생사와 빈부가 여기에 달렸는데[一粒一粒安可輕 係人生死與富貴]"라고 했던 어법과 유사하다.

한 톨의 쌀이나 겨 속에서 빛나는 삶의 자세나 농촌의 구조적 모순을 어떻게 발견할 수 있을까? 그것은 시적 대상에 대한 애정과 본질을 꿰뚫어 볼 수 있는 섬세한 눈을 가졌기에 가능한 일이다. 시적 대상에 대해 애정을 가져야 한다고 정영상은 이렇게 말한다.

> 한 가지만 생각하고 순수한 현상에 대해 애정 어린 시선을 보낼 줄 모르는 사람들에겐 나뭇잎 빛깔 하나에 평생의 정열을 바치는 모네의 눈을 다시 생각할 기회가 주어졌으면 하는 생각도 합니다.
> 풀 한 포기, 돌멩이 하나, 나뭇잎과 햇살, 아침과 저녁, 밤과 낮에 대해 투시하는 고뇌 없이 대뜸 문학을 한다고 하여 민중시 몇 편을 읽고 시를 쓰는 후배들을 보면 걱정도 되고 저 스스로도 큰 반성을 합니다.
> ―「전우익 선생님께 1」, 추억, 130~131쪽

시적 대상에 대한 애정과 섬세한 눈길이 정영상 시의 토대인 것이고, 이는 인상파 화가 모네(Claude Monet, 1840~1926)의 사물 관찰력을 예로 들은 것처럼 미술교사로 평생 그림을 그렸던 관찰력에 기인한 바가 크다. 그 섬세한 손끝에서 하찮은 농촌의 사물들이 생명을 얻고 되살아나 새로운 '농부가(農夫歌)로 탄생한 것이다.

3. 사무치는 그리움의 '사모곡(思慕曲)'

　1989년 첫 시집을 내고 몇 달 뒤 정영상은 안동 복주여중에서 이른바 '여름대학살'의 희생자가 된다. 그 쓰라린 해직의 기간 동안 가족이 있는 단양으로 와서 지회에서 상근을 하며 시를 써낸다. 그리고 1년 뒤 1990년 두 번째 시집인 『슬픈 눈』(제3문학사, 1990)을 펴낸다. 이 시집에는 해직의 고통과 아픔보다는 "유배지 같은 단양"에 돌아와 안동에 두고 온 아이들에 대한 "확성기 소리처럼/ 증폭되는 그리움"(「3월의 확성기 소리」)으로 가득하다. "소백산 너머 단양에서/ 미술시간 수업 타종소리를 듣"는가 하면 "날마다 아침마다, 학교갈 시간이면", "너희들이 보고 싶어/ 죽령 너머 안동의 하늘을 눈물 적셔 바라"(「너희들에게 띄우는 가을 편지」)보기도 한다. 당시 절절한 그리움의 절정을 보여주는 시는 「환청(幻聽)」이다.

　　　체육시간이라 급한 김에 그만 누가 수도꼭지 잠그는 걸 잊어버리고 뛰어나
　　갔을까 안동 복주여중에서 수돗물 떨어지는 소리 죽령 너머 단양의 내 방까지
　　들려온다.

　　　　　　　　　　　　　　　　　　　　　　　　　　　　　　　　－「幻聽」 전문

　행갈이를 하지 않아 산문 같은 이 시를 읽으면 급한 호흡이, 수돗물 떨어지는 소리를 듣고 급히 잠그러 나가는 작중화자와 행위와 일치한다. 이 시에는 두고 온 아이들이 그립다, 보고 싶다 등의 감정표현이 철저히 배제되어 있다. 게다가 '참교육'을 위해 무엇을 어떻게 해야 한다는 지침도 없다. 빠르게 획획 스케치한 크로키처럼 안동 복주여중의 수돗물 떨어지는 소리가 단양까지 들려온다고 매듭짓고 있다. 얼마나 아이들이 보고 싶었으면

그 소리가 죽령 너머 단양까지 들려올까? 수돗물 소리는 그리움의 발신부호다. 그것은 실제 상황이 아니라 시인 자신의 가슴속으로부터 울려나오는 것이다. 안동에서 단양으로 오는 것이 아니라 단양에서 안동으로 가는 그리움의 발신이다. 여기서 이 이상 어떻게 아이들에 대한 그리움을 표현할 수 있을까? 안동과 단양 사이의 지리적 거리가 아닌 그리움의 거리는 수돗물 떨어지는 소리를 들을 정도로 가까이 있음을 말이다.

실상 초기의 교육시들은 학교교육의 구조적 모순과 그 속에서 비분강개하는 교사들의 모습을 그리곤 했다. 혹은 갑갑한 현실을 뚫고 일어서는 강인한 모습이 등장하기도 했다. 하지만 너무 도식적이고 단순했다. 솔직하게 말한다면 사람들을 감동시킬 수 있는 시적 형상화가 미흡했다. 이런 측면에서 보자면 정영상의 시는 당시 교육시의 길을 밝혀주는 새벽별과도 같았다. 이 시에는 참교육이 어떻고, 당시 교육현실이 어떻고 하는 사족이 없다. 자기가 해직된 학교의 수돗물 소리를 환청으로 듣는 교사야말로 부연설명이 필요 없이 정말로 아이들을 사랑하는 선생이지 않은가? 언젠가 사석에서 김형수는 이 시를 가리켜 '참교육'의 전형성을 보여주는 시라고 극찬한 바가 있다. 아이들에게 권위적으로 군림하는 교사와 「환청」의 작중화자처럼 수돗물 소리를 환청으로 듣는 교사가 있다면 누구에게 아이를 맡길 것인가? 그렇다. 그 절절한 사랑의 형상화가 바로 시적 감동의 근거가 된다. 정영상은 「내 시의 독자들에게」에게서 이렇게 말한다.

> 시를 무기로 선언하는 데 대해서는 나도 동감합니다.……노동현실이니 민중현실이니 하면서 행갈이 해 놓기 바쁘게 쏟아져 나오는 목청 높은 시들. 그 시들 중에 대중의 가슴을 감동으로 콱 찌르는 비수 같은 시는 그야말로 찾아보기 힘듭니다. 투쟁의 무기가 되는 시는 먼저 독자의 가슴부터 울려야 합니다.

투쟁의 무기가 되는 시는 한 송이 들꽃 속에서도, 호박잎에 떨어지는 빗소리 속에서도, 설거지를 하는 아내의 손놀림 속에서도 찾아져야 한다고 생각합니다.
나는 오늘 감히 말합니다. 가장 아름다운 시가 가장 확실한 투쟁의 무기로 될 수 있다고 말입니다.

— 추억, 163~164쪽

이 글을 썼던 때가 『삶의 문학』 6집을 통해 시인으로 등단해 활동하기 시작한 1984년이니, 당시는 민주화 운동이 이념적 지향을 따라 분화되던 시기였다. 그럼에도 정영상은 이미 시가 진정으로 무기가 되어야 함은 그 사상의 견고함이 아니라, 대상에 대한 애정과 미적 형상화에 있음을 이미 깨닫고 있었던 것이다.

4. 절망과 분노의 '광시곡(狂詩曲)'

두 번째 시집을 내고 1993년 정영상은 어이 없이 세상을 떠났다. 그가 죽고 유고를 정리해 유고시집 『물인 듯, 불인 듯, 바람인 듯』(실천문학사, 1994)을 펴낸 것이 1994년이다. 이 시집은 단양에서 3년 동안 쓴 시들로 묶었는데, 거기에는 안동에 두고 온 아이들에 대한 그리움으로 시작해서 해가 갈수록 깊어가는 고통과 자신에 대한 절망이 대부분을 차지하고 있다. 그 절망의 끝자락에서 자신의 죽음을 예비한 것일까? 시집에는 "언제라도 던져질 각오가 되어 있"다거나 "장렬하게 죽을 준비가 되어 있"(「절규 3」)다는 비장한 목소리가 자주 등장한다. 그가 궁벽한 단양에서 3년 동안 절망 속에 불렀던 노래는 무엇이었을까?

　이 시집에 실린 시들의 소재를 추려 보면 유난히 물과 불이 많다. 물은 슬픔이며, 불은 분노로 환기된다. 정영상 시의 내면을 강물처럼 흐르는 감성은 '슬픔'이다. 이 무렵 시에는 유난히 슬픔이 많이 등장한다. 「방진희에게 1」에서 예술에서 '슬픔'을 떼어 버리면 나는 남는 것이 근본적으로 없을 줄 안다."고 단언하며 "최근 들어 나는 '슬픔'이란 것까지 시에서 배제하려는 객관주의는 더 이상 추종하지 말아야겠다는 생각을 가지게 되었다."(추억, 178쪽)고 한다. 그래서인지 정영상은 '슬픔'을 시어로 빈번하게 사용하고 있다. 그 슬픔은 어디서 연유하는 것일까?

　　　나이 들수록
　　　슬픔도 자라는가
　　　올해 내 슬픔은 서른여덟 살 먹었다.
　　　내 싸움과 술버릇과 동갑이다.
　　　앞으로 중독이 되어
　　　불치의 病이 될
　　　내 슬픔이여
　　　　　　　　　　　　　　　　　　　－「불치의 病」 전문

　　　슬픔이여
　　　살쪄서 더러워지는
　　　내 슬픔이여
　　　　　　　　　　　　　　　　　　　－「술」 중에서

슬픔은 눈에 보이지 말아야 한다.
슬픔은 손에 만져지지 말아야 한다.
그러나 발가벗은 몸처럼 부끄럽게
보이는 슬픔이여
수음할 때 물건처럼 치욕스럽게
만져지는 슬픔이여

- 「그릇에 대하여」 중에서

그의 시에 나타난 슬픔은 모호한 슬픔이 아니라, 불치의 병이 되고, 살찌기도 하고, 만져지기도 한다. 마치 유기체처럼 살아있는 것이다. 왜 그럴까? 세상은 급박하게 돌아가는데 정작 자신은 손발이 묶인 채 아무 것도 할 수 없다는 절망감에서 비롯되기 때문이다. 그러기에 그 슬픔은 잔잔한 강물이 아니라 존재의 밑바닥부터 소용돌이치는 격랑으로 자기 존재의 일부분이 되기에 감각으로 느껴지는 것이다.

눈을 부릅뜨고 현실과 치열하게 싸우고 싶은데, 딱히 그런 일도 없는 궁벽한 소백산 골짜기, 끝도 없는 '유배생활' 속에 죽령 너머 들려오는 아이들의 환청에 시달리면서 시인이 할 수 있는 일이 무엇이었겠는가?

눈 들면 눈앞에
남한강 흐르고
남한강 높이 소백산 보이는데
내가 두고 온 교실과 아이들
죽령 너머 안동에서
그 떠들고 재잘거리는 소리

지척인 듯 베란다 문 밖에서 들려오지만
나는 어린 딸을 데리고 놀며
아파트 이웃집 아주머니들과
복도 계단을 청소한다.

─「단양에서 1」중에서

　시인은 이 부당한 현실에 맞서 싸우거나 두고 온 안동의 아이들에게 달려가야 할 텐데, 현실에서는 아파트 계단을 청소하는 것이 고작이다. 그런가 하면 "투쟁의 달 5월에／ 나는 콩나물국이나 끓이고／ 끓는 국물 뜨거운 거품 속에 동지들의 싸우는 소리／ 가득히 들려오는데／ 싸움터를 떠나와／ 세탁기나 돌리고／ 방청소나 하"고 있으니, 자신이 비참해져 "울화통이 터"(「단양에서 2」)진다고 술회한다. 가르치거나 싸워야 할 상대는 저기 있는데, 자신은 여기에 갇혀있으니 화가 나고 슬픔이 생겨난다. 그의 슬픔은 싸움터에 나가 적들과 대적해야 하는 장수가 궁벽한 곳에 갇혀 있어 절망하는 일종의 '비육지탄(髀肉之嘆)'인 셈이다.
　이제 그 절망은 자신의 존재를 부정하기에 이른다. "전교조 단양지회 사무실 작은 읍에는／ 하루 종일 전화 한 통화 오지 않을 때가 있는데／ 그럴 때 나는 그 걸레를 붙들고／ 찔끔찔끔 나오는 눈물을 닦"는가 하면 자신을 "화장실 문 앞에 뒹구는 걸레와 똑같다"(「솔직하게 말해서」)고 자기모멸감에 빠지기도 한다. 화장실 앞에 뒹구는 걸레가 바로 자신의 실상이라는 것이다. 그래서 10년 동안 교직과 해직의 시간을 거치면서 이제는 자신이 "접시에 담긴 물처럼／ 말라버렸다"(「십년」)고 한탄한다. 그 끝없는 절망의 늪!
　어떻게 할 것인가? 출구는 막혔고, 손발은 묶여있다. 할 수 있는 일이란 광기에 가까운 몸부림뿐이다. 이 분노의 몸부림이 정영상 시의 중요한 축을 이룬다. 일찍이 아내인 박원경이 정영상을 가리켜 "물 같은 사람이고 동시에 불 같은 사람이었다. 가슴속에는 늘 출렁출렁 감정의 물결을 담고 있다가 누가 장난으로 돌팔매질 하나라도 하면 불같이 일어나 사랑하고 미워할 줄 아는 사람이었다."[3]라고 표현한 바 있거니와 슬픔과 절망이 물이라면 불은 이를 극복하려는 몸부림 혹은 분노다. 물이 아래로 흐르듯이 슬픔과 절망도 한없이 가라앉지만, 불이 상승하듯이 몸부림과 분노도 치솟는다.

일찍이 "나는 계란이다"고 외쳤거니와 「불」, 「화염병」, 「신농부가」, 「신문을 찢는다」, 「식칼 1」, 「식칼 2」, 「나는 집게손가락을 움직이고 싶다」, 「돌 앞에 앉아」 등의 시가 그런 '불'의 경향을 극명하게 보여준다. 앞에서도 언급한 마지막 유작 「돌 앞에 앉아」[4]를 보자.

> 살아온 날 돌아보다가
> 살아갈 날 고개 저으며
> 돌 앞에 앉아 울고 싶은 날이 있다
> 하루는 산다는 것이 얼마나 무서운가
> 인간으로 산다는 것이 얼마나 부끄러운가
> 침묵의 돌이 꽃으로 피는 봄
> 돌 앞에 앉아 울다
> 돌에 이마를 짓찧고

---

3) 박원경, 「봄은 저기 오고 있는데」, 『월간 옵서버』 5월호, 한국언론문화사, 1993. 이 구절은 공주대 교정에 세운 정영상 시비의 옆면에도 새겨져 있다.
4) 이 시는 사후 10주기가 된 2003년 4월 12일, '정영상추모사업회'에서 공주사대 교정에 세운 정영상시비에 대표작으로 새겼다.

피 흘리고 싶은 날이 있다.

— 「돌 앞에 앉아」 중에서

더 이상 내려갈 수 없는 절망의 바닥에서 절규하는 목소리가 들린다. 여기서 어떻게 '전망'을 바랄 수 있겠는가? 하지만 그것이 결코 흠이 되지 않는다. 절망의 맨 밑바닥에서 섬광처럼 번뜩이는 광기의 몸부림은 이미 시적 완결성을 지니기 때문이다. 여기에 무엇을 더 보탤 수 있단 말인가. 단양의 산골짜기에서 손발이 묶인 채 견뎌야 했던 해직 4년은 그의 삶을 온통 찢어발기고 내동댕이쳤다. 이 시는 여기에 맞선 몸부림이고 절규다. 그것이 진정성을 지니고 절실하기에 시는 빛난다. 정영상 시의 미덕은 바로 여기에 있다. 누가 이렇게 처절한 고통의 노래를 불렀던가!

분노는 절망에 침잠하기보다는 이를 돌파하려는 강한 몸부림에서 비롯되기에 엄청난 결단력을 수반하기도 한다. 이를테면 분노의 긍정적인 힘인 셈이다. 「자전거 페달을 전속력으로 밟는다」를 보면 그 분노의 힘과 속도를 느낄 수 있다.

학교가 보일까 봐
학교가 보이지 않는 골목길로 돌아간다
그래도 보이면
고개 숙이고 간다
그래도 보이면
'난 학교 같은 거 안 본다'
속으로 빽 소리치며
자전거 페달을 전속력으로 밟는다

― 「자전거 페달을 전속력으로 밟는다」 전문

여기에는 해직의 고통, 아이들에 대한 그리움, 돌아가고픈 학교, 고통을 벗어나려는 몸부림……그 모든 것이 압축되어 있다. 그럼에도 고통이 어떻고, 아이들에 대한 그리움이 어떻고 하는 식의 군더더기가 없다. 절망의 바닥까지 가본 자만이 진정한 서정을 획득한 것일까? 압축된 운율 속에 절제된 시어와 빠른 시상의 전개가 빼어난 형상을 만들어 낸다. 해직교사들은 저마다 그 지난한 고통을 벗어나려는 시도를 했었고, 정영상이 택한 것은 절망의 바닥에서 올라오는 절규와 몸부림이었다. 누가 이렇게 지독한 절망의 노래를 불렀던가!

신현수는 「정영상」이란 시에서 "지독한 퇴폐적 낭만주의자였던 한 친구는/ 철저한 현실주의자가 된 후/ 그의 현실주의를 위하여 끝내 목숨을 바쳤다./ 그가 죽고 나서야 현실주의는 하나밖에 없는 자기 목숨을/ 바치는 것임을/ 우리는/ 깨달았다."[5]고 한다. 그렇다! 정영상의 몸부림과 절규는 과도한 낭만이나 자기모멸이 아니라 어찌 해 볼 수 없는 현실의 벽을 향해 돌진하는 필연적 선택, 그럼에도 패배할 수밖에 없지만 어쩌면 지극한 현실주의자의 삶인 것이다. 그러기에 절망의 밑바닥에서 값진 서정을 건져 올린 것이리라.

사족: 정영상은 낮은 데로 물처럼 흐르며 살다, 잘못된 현실을 보고 불처럼 타오르다, 급작스런 바람처럼 가버렸다. 해마다 꽃피는 봄 사월이 돌아오면, 그가 즐겨 부르던 노래가사처럼 진달래 흐드러지게 피어 산을 넘

---

5) 신현수, 「정영상」, 『처음처럼』, 내일을 여는 책, 1994, 108쪽.

고 있음을 본다. 그렇게 벌써 30년이나 지났다. 삼생(三生)의 인연이 허락한다면 다시 만나 보려나? 진달래 핀 동산에서 술 한잔 나누고 싶은 마음 간절할 뿐이다. 아, 그리운 정영상! 부디 편안하시길! 그의 영전에 이 글을 바친다.

추모 정영상 30주기 · 정영상문학전집

감꽃과 주현이

발행일	2023년 6월 10일 초판 1쇄 발행
지은이	정영상
엮은이	이대환
펴낸이	김재범
관리	홍희표 박수연
인쇄·제책	굿에그커뮤니케이션
종이	한솔PNS
펴낸곳	(주)아시아
출판등록	2006년 1월 27일 제406-2006-000004호
주소	경기도 파주시 회동길 445
전화	031.955.7958
팩스	031.955.7956
홈페이지	www.bookasia.org

ISBN 979-11-5662-631-2
값 27,000원